持家之道

The Principles of Running One's Household

蒋开天 编著

山東文藝出版社

图书在版编目（CIP）数据

持家之道 / 蒋开天编著. -- 济南 : 山东文艺出版社, 2025. 5. --(中华传统美德格言集萃丛书).
ISBN 978-7-5329-7324-8

Ⅰ. D648-49

中国国家版本馆 CIP 数据核字第 2025M63B15 号

持家之道

CHIJIA ZHIDAO

蒋开天 编著

主管单位	山东出版传媒股份有限公司
出版发行	山东文艺出版社
社　　址	山东省济南市英雄山路 189 号
邮　　编	250002
网　　址	www.sdwypress.com
读者服务	0531-82098776（总编室） 0531-82098775（市场营销部）
电子邮箱	sdwy@sdpress.com.cn
印　　刷	山东新华印务有限公司
开　　本	880 毫米 ×1230 毫米　1/32
印　　张	6.5
字　　数	110 千
版　　次	2025 年 5 月第 1 版
印　　次	2025 年 5 月第 1 次印刷
书　　号	ISBN 978-7-5329-7324-8
定　　价	47.00 元

前言

中华文明源远流长、博大精深，孕育了中华民族宝贵的精神品格，培育了中国人民崇高的价值追求。中华传统美德是中华文化的精髓所在，积淀着中华民族最深层的精神追求，蕴含着中华民族最根本的文化基因，是中华民族生生不息、绵延不绝的道德支撑，也是担负新时代的文化使命、推进文化强国建设的动力之源。

党的十八大以来，习近平总书记高度重视中华传统美德的传承与弘扬，深刻指出中华传统美德是中华文化精髓，蕴含着丰富的思想道德资源，强调要实施公民道德建设工程，弘扬中华传统美德，引导人们向往和追求讲道德、尊道德、守道德的生活。特别是 2013 年 11 月，习近平总书记在曲阜考察时强调，要加强对中华优秀传统文化的挖掘和阐发，努力实现中华传统美德的创造性转化、创新性发展。习近平总书记一系列重要论述和指示批示要求，为新时代新征程赓续中华文脉、传承弘扬中华传统美德指明了前进方向，提供了重要遵循。

山东是中华文明的重要发祥地和儒家思想的发源地，有着丰厚的历史底蕴和宝贵的文化资源，“孟母三迁”“孔融让梨”等许多耳熟能详的美德故事都发生在这里。近年来，山东人民牢记习近平总书记嘱托，充分发挥“人文沃土可以深度耕作”的比较优势，把中华传统美德作为涵育社会主义核心价值观的重要源泉，在传承中创新，在创新中发展，推动全省公民道德素质和社会文明程度达到了一个新高度。

为深入学习贯彻习近平文化思想，贯彻落实习近平总书记对山东工作的重要指示要求，大力弘扬中华传统美德，更好发挥中华传统美德在培养时代新人、涵育时代新风中的重要作用，在山东省委宣传部的指导下，曲阜师范大学组织编撰了“中华传统美德格言集萃丛书”，共分《崇德之道》《做人之道》《做事之道》《待人之道》《持家之道》《爱国之道》《和合之道》七册。格言短小精悍、言简意赅、便于传诵，是讲述、传承、弘扬中华传统美德最通俗、最有效的方式。“天下兴亡，匹夫有责”的爱国之情、“民惟邦本，本固邦宁”的民本精神、“弟子入则孝，出则悌”的孝悌伦理、“言必信，行必果”的诚信之道等思想观念都凝练在中华传统美德格言之中。《中华传统美德格言集萃丛书》萃取朗朗上口、耳熟能详、简练而又寓意深刻的格言编纂而成，在辑选原则上，以“崇德”为统领，将中华传统美德分为“做人、做事、待人、持家、爱国、和合”六个递进主题，每个主题下细分三至五个子目。

为便于读者阅读和理解，本书以《中华经典名著全本全注全译丛书》（中华书局 2011—2023 年版）、《十三经注疏》（中华书局 1980 年版）、《二十四史全译》（汉语大词典出版社 2004 年版）等广受认可的经典名著为依据，对格言中艰涩难懂的字词加以注释，结合典故和案例对全句进行生动解读并引入拓展阅读，既提高了书籍的可读性，又有助于读者更深入地理解格言的内涵和精神、更好地培养良好的道德品质和行为习惯。

千帆一道带风轻，奋楫逐浪天地宽。编写这套普及读物，只是传承弘扬中华优秀传统文化的一种努力。新时代新征程，我们将始终保持礼敬传统、赓续文脉的炽热情怀，踔厉奋发，笃行不怠，努力为文化传承发展事业做出新的更大贡献！

编　者

2025 年 3 月

目录

二　邻里和睦

三　勤俭持家

四　家风家教

一 孝老爱亲

爱亲者，不敢恶❶于人；敬亲者，不敢慢❷于人。

出处

《孝经·天子章》

注释

❶恶：厌恶，憎恨。
❷慢：怠慢，轻蔑。

译文

能够爱自己父母的人，就不会厌恶别人的父母；能够尊敬自己父母的人，也不会怠慢别人的父母。

解读

《孝经·天子章》中说："子曰：'爱亲者，不敢恶于人；敬亲者，不敢慢于人。爱敬尽于事亲，而德教加于百姓，刑于四海。盖天子之孝也。'"这里主要讲述天子的孝道，是对天子如何尽孝提出的具体要求，旨在以天子之孝为表率，推动家庭之孝，从而实现以孝养德的目的，进而以孝道构建和谐的社会关系。

"爱亲者，不敢恶于人；敬亲者，不敢慢于人"，这句话开门见山，指出天子的孝道就是要把"爱"和"敬"推己及人。根据唐玄宗注、宋代邢昺疏的《孝经注疏》来看，"爱亲者，不敢恶于人"，谓之"博爱"；"敬亲者，不敢慢于人"，谓之"广敬"。作为天子，首先要对自己的父母保持尊敬、关爱的态度，同时更要将心比心、换位思考，像敬爱自己的父母一样，敬爱天下所有的父母。只有这样，才能为民众做出表率，引领社会风尚向善、向好。

1368 年，朱元璋建立明朝，他认为当时所面临的状况十分严峻，《明太祖实录》卷二十六描述为："弟收兄妻，子烝父妾，上下相习，恬不为怪，其于父子君臣夫妇长幼之伦，渎乱甚矣。"面对如此危殆的局面，推行孝道必然成为朱元璋治理国家的重要内容。据《明太祖实录》卷四十九，朱元璋曾说："人情莫不爱其亲，必使之得尽其孝。一人孝而众人皆趋于孝，此风化之本也。故圣人之于天下，必本人情而为治。”因此，他把孝当作治国的突破点和抓手，将以孝治天下作为基本国策，以整顿社会风俗。他以身作则弘扬孝道，制定《大明律》，规定十恶不赦条中有一项就是“不孝”，建立尊养老人制度，表彰孝子贤孙的典型事迹，甚至“屈法”以全孝道，使尊老爱老成为明初社会的主流价值观。

山羊跪乳，乌鸦反哺。时至今日，爱亲敬老仍是我们必须遵守的行为标准。我们要学会放下对父母的苛刻标准，接纳父母的不完美，对父母多一些关心和理解。以此为基础，推己及人，敬爱别人的父母。尊老爱老，是我们一生的必修课。

拓展阅读

《孝经》，是阐述孝道和孝治思想的经典著作。《孝经》的“经”意为“道理、原则、法则”，今存十八章，其内容以孔子回答曾子问的形式陈述孝道、孝治的大义。《孝经》全书约一千八百字，在十三经中篇幅最短。相传为孔子及其弟子所著，又说为孟子或孟子门人所作，清代纪昀在《四库全书总目》中指出，该书是孔子“七十子之徒之遗言”，众说纷纭，至今无定论。自西汉至魏晋南北朝，注解者近百家，现在流行的版本是由唐玄宗李隆基注、宋代邢昺疏。

天地之性，人为贵[1]。人之行[2]，莫大于孝。

出处

《孝经·圣治章》

注释

❶ 贵：尊贵，珍贵。

❷ 行：行为，德行。

译文

天地万物之中，以人类最为尊贵。人类的行为中，没有比孝道更为重大的了。

解读 《孝经·圣治章》中说："曾子曰：'敢问圣人之德无以加于孝乎？'子曰：'天地之性，人为贵。人之行，莫大于孝。'"这是孔子在讲学过程中对曾子关于"圣人之德"疑问的答复。在师徒探讨中，孔子强调了孝道的重要性，圣人以德治天下，在圣人的诸多德行中，孝道是第一位的。

西汉时期，汉文帝刘恒的生母薄姬贤德仁爱，自刘恒年幼起就培养他仁孝恭谦的品格。刘恒称帝后，尊其母为薄太后，对其嘘寒问暖，孝顺有加。有一次，薄太后身患重疾，三年卧床不起。为了给母亲治病，汉文帝到处寻访名医，逐一检查研究太医开出的药方，亲自熬制汤药，且怕宫女不够细心，总是亲自尝过，确定不烫后才会喂母亲服下。他衣不解带，彻夜侍奉在母亲床前。为君，日理万机，丝毫不敢马虎；为子，为母侍疾，无半分懈怠，两相叠加，实属不易。三年后，薄太后的身体逐渐康复，而刘恒孝顺母亲的故事也在朝野广为流传。这正是《弟子规》中"亲有疾，药先尝；昼夜侍，不离床"的生动写照。元代郭居敬编录《二十四孝》时，把汉文帝"亲尝汤药"的故事也位列其中，并附诗赞曰："仁孝临天下，巍巍冠百王。莫庭事贤母，汤药必亲尝。"汉文帝成为以仁孝闻名并被后世尊崇的典范。

实际上，孝道是中华优秀传统文化中一种重要的价值追求，它传递了尊重长辈、尊师重道、亲人和睦等传统美德。新时代新征程上，孝道仍然是维系家庭和睦的重要力量。随着社会发展和家庭结构的变化，孝道的内涵也在不断丰富和发展，日益成为一种更加理性、多元的行为规范。此外，家庭是社会基本组成单位，亲情是人际关系中基础、重要且稳固的部分，从这一意义出发，“人之行，莫大于孝”的理念能够促进和推动形成一个尊老敬老的良好社会新风。

拓展阅读

孝是孔子价值理念的核心内容之一。首先，孔子肯定了“仁”的根本在于“孝”，《论语·学而》中说：“君子务本，本立而道生。孝弟也者，其为仁之本与。”其次，孔子认为“孝”具体体现为对于父母的顺从和恭敬，赡养是基础，“顺”“敬”才是本质。《论语·为政》中记载了孟懿子问孝之事，孔子以“无违”二字答之。《论语·为政》中还记载了子游问孝之事，孔子以“今之孝者，是谓能养。至于犬马，皆能有养。不敬，何以别乎”一语答之。最后，孔子认为在父母面前还必须保持和颜悦色的态度才可谓“孝”。《论语·为政》中也记载了子夏问孝之事，孔子回答“色难”二字，即子女最不容易做到的就是对父母和颜悦色。

父母之年，不可不知❶也。一则以喜，一则以惧。

出处

《论语·里仁》

注释

❶知：记住。

译文

父母的年龄，不可不记在心中。一方面为他们的高寿而欢喜，一方面为他们的衰老而忧惧。

解读 这则格言出自《论语·里仁》的第二十一章，指出知晓父母的年龄是子女尽孝道的表现。“喜”的是父母高寿，因为父母百年，子女承欢，是天伦之乐；“忧”的也是父母高寿，因为人生一世，草木一秋，父母在世之时间日短，是以子女忧惧之情日笃。“喜”“忧”并存，恰恰体现了作为子女，既期望父母能够长命百岁、寿山福海，又自知难以抗拒岁月流逝而不可追的自然法则的矛盾心理。因此，这句格言也是在告诫世人，行孝要及时，只有孝在当下，才可不留遗憾。

《搜神记》中载有多则讲述孝道的故事，于卷十一尤为集中。其中一则为“罗威为母温席”，讲的是有一个叫罗威的人，八岁时父亲去世，他侍奉母亲非常孝顺。“母年七十，天大寒，常以身自温席，而后授其处”，即母亲七十岁了，天气十分寒冷时，罗威常常用自己的身体把床席捂热，然后才让给母亲睡。实际上，这则故事似与黄香“扇枕温衾”的孝行故事如出一辙。黄香在酷暑难当时用扇子将枕席扇凉，在寒气袭人时用身体将被窝暖热，才请父亲入睡。由此可见，孝敬父母不在口中言语之华丽，而在日常行为之细微；不在为父母做了多少轰轰烈烈的大事，而在能为父母饮食起居的小事而竭心尽力。

“父母之年，不可不知也。一则以喜，一则以惧”启示我们：一个真正孝敬父母的人，会明确知道父母的年龄，会为父母健康、得享高寿而高兴。当然，知道父母的年龄，只是孝敬父母最基本的表现之一，这句格言的言外之意，在于强调要在各个方面关心父母，关心父母的年龄、关心父母的健康、关心父母的饮食起居等，这样，方显孝在当下、孝在平时。

拓展阅读

《搜神记》原为三十卷，至宋散佚，今存二十卷，四百余篇。作者干宝，为东晋史学家、文学家。该书是一部记录中国古代民间传说的志怪故事集，就具体内容言之，有精灵怪物的神异，有神仙术士的变换，还有人与鬼神的交流等。其中，最有价值的地方是它保存了许多优美的民间故事。该书历来被视为志怪小说的代表作，深刻影响了元明清三代的小说和戏剧，在中国小说发展史上占有重要地位。

为人子，止❶于孝；为人父，止于慈❷。

出处

《大学》

注释

❶止：达到一定的高度并且保持住。❷慈：慈爱。

译文

作为子女，要尽到孝顺父母的责任；作为父母，要对子女充满慈爱。

解读

儒家经典《大学》中说：“《诗》云：‘穆穆文王，于缉熙敬止！’为人君，止于仁；为人臣，止于敬；为人子，止于孝；为人父，止于慈；与国人交，止于信。”按朱熹《大学章句》，此为解释三纲之“止于至善”的话。“穆穆文王，于缉熙敬止”，出自《诗经·文王》，是赞美周文王做人做事都能够止于至善之意。之后，分别指出君、臣、子、父、友五方面止于何地才为至善。五者仅是一种列举，朱熹说，要从这五个大的方面“推类以尽其余，则于天下之事，皆有以知其所止而无疑矣”。这样，做天下万事都可以达到止于至善的境地了。

作为子女，要止于孝而不迁；作为父母，要止于慈而不迁。孔门弟子闵子骞向以德行著称，他的故事充满了孝的光辉，是践行“为人子，止于孝”的典范。闵子骞早年丧母，父亲娶了一位后妻又生了两个儿子。然而，这位继母对闵子骞并不友善，经常虐待他。在寒冷的冬天，继母给两个弟弟穿的是用棉花做的冬衣，而给闵子骞穿的是用芦花做的“棉衣”。芦花虽然看起来蓬松，但保暖性极差，根本无法抵御严寒。后来，父亲发现了这一点，感到震惊又愤怒，意欲休掉这位虐待自己儿子的继母。然而，闵子骞却跪在父亲面前，恳求他饶恕继母。他说：“留下母亲只是我一个人受冷，休了母亲三个孩子都要挨冻。”父亲被这句话深深打动了，深思熟虑之后最终选择了原谅。继母听到闵子骞的话后也感到非常悔恨，从此对待他如亲子一般。闵子骞的孝顺和宽容不仅感动了自己的父亲和继母，也赢得了周围人的尊敬和赞誉。作为儿子，闵子骞的孝体现在对父母的尊重和理解上。他没有因为继母的虐待而动摇自己的孝心，反而是止于孝而不迁，用自己的宽容和善良感化了继母。

闵子骞的故事不仅是一个关于孝顺和宽容的感人故事，更蕴藏着对如何为人子女、如何为人父母的深刻启示。无论面对什么样的困难和挑战，只要始终保持一颗善良、宽容、温润的心，父能慈，子尽孝，彼此原谅对方的不完美，就能让孝照亮家庭和社会的每一个角落。

拓展阅读

2016 年 12 月 12 日，习近平总书记在会见第一届全国文明家庭代表时的讲话中指出：“中华民族历来重视家庭。正所谓‘天下之本在家’。尊老爱幼、妻贤夫安，母慈子孝、兄友弟恭，耕读传家、勤俭持家，知书达礼、遵纪守法，家和万事兴等中华民族传统家庭美德，铭记在中国人的心灵中，融入中国人的血脉中，是支撑中华民族生生不息、薪火相传的重要精神力量，是家庭文明建设的宝贵精神财富。”

老❶吾老以及人之老，幼❷吾幼以及人之幼。

出处

《孟子·梁惠王上》

注释

❶老：尊敬，赡养。

❷幼：呵护，养育。

译文

尊敬爱护自己的长辈，同时也尊敬其他与自己没有亲缘关系的老人；呵护自己的儿女，同时也关爱其他与自己没有血缘关系的孩子。

解读

《孟子·梁惠王上》中说：“老吾老以及人之老，幼吾幼以及人之幼。天下可运于掌。《诗》云：‘刑于寡妻，至于兄弟，以御于家邦。’言举斯心加诸彼而已。故推恩足以保四海，不推恩无以保妻子。”这里，孟子从家庭伦理关系出发，提出了一种推己及人的思维方式，强调了和谐的人伦关系对于治理国家的基础作用，体现了他对王道仁政、关爱百姓的价值追求。孟子还从正反两方面突出这一问题，由近及远地把恩惠推展开，便能保有天下；反之，甚至连自己的妻子儿女都保护不了。

孟子“老吾老以及人之老，幼吾幼以及人之幼”的思想，在现代社会实现了创造性转化和落实。近年来，为了让出门在外的老年人能够及时得到帮助，一份自发形成的“在外互助父母协议”在社交平台悄然流行。这份协议的核心内容是“你帮我父母，我帮你父母”。协议没有约束条款，甚至缺乏统一的内容，却得到来自天南海北的年轻人的支持。他们纷纷表示“自愿签署”并分享转发。他们用小小的善举传递温暖，这是为人子女的共情，也是敬老爱老的共识。通过网络，借助“协议”的名义，年轻人的这场接力，以自己之真诚，传递着最朴素、最温暖的善意，在这样互相帮扶的氛围中，串联起了爱的同心圆。

“老吾老以及人之老，幼吾幼以及人之幼”启示我们：要始终葆有一种宽广的胸怀和博爱的精神，不仅要孝敬自己的父母，疼爱自己的子女，还要做到推己及人，尊重其他年长者，爱护其他年幼者，要为他们提供自己力所能及的帮助和支持，积极营造尊老爱幼的文化氛围。

拓展阅读

2016年1月18日，习近平总书记在省部级主要领导干部学习贯彻党的十八届五中全会精神专题研讨班上的讲话中指出："共享理念实质就是坚持以人民为中心的发展思想，体现的是逐步实现共同富裕的要求。共同富裕，是马克思主义的一个基本目标，也是自古以来我国人民的一个基本理想。孔子说：'不患寡而患不均，不患贫而患不安。'孟子说：'老吾老以及人之老，幼吾幼以及人之幼。'《礼记·礼运》具体而生动地描绘了'小康'社会和'大同'社会的状态。按照马克思、恩格斯的构想，共产主义社会将彻底消除阶级之间、城乡之间、脑力劳动和体力劳动之间的对立和差别，实行各尽所能、按需分配，真正实现社会共享、实现每个人自由而全面的发展。"

人人亲❶其亲❷，长❸其长❹，而天下平。

出处

《孟子·离娄上》

注释

❶亲：动词，亲近。
❷亲：名词，双亲。
❸长：动词，尊敬。
❹长：名词，长辈，兄长。

译文

如果人人关爱自己的亲人，尊重自己的长辈，那么天下就会和睦安宁。

解读 《孟子·离娄上》中说："孟子曰：'道在迩而求诸远，事在易而求诸难。人人亲其亲，长其长，而天下平。'"这里，揭示了家庭伦理和社会和谐之间的密切关系，强调了要想天下太平，须从关爱父母、尊重长辈这一切近己身的家庭关系和伦理实践开始，否则就是舍近求远、舍本逐末。这句话不仅体现了儒家对家庭伦理、孝悌思想的重视，也揭示了通过个人道德修养来实现社会和谐的深刻智慧。

孝悌作为一个整体概念，成型于孔孟时期。孝，即孝顺父母，尊敬长辈；悌，即兄弟和睦，顺从长上，其核心理念是"仁爱"。孔子重视孝，强调"以敬养心"，同时"纳孝入仁"，把"孝亲"作为"仁爱"的起点，把家庭"孝亲"之情推及宗族，进而推及社会，达到"泛爱众"的目的。《孟子·梁惠王上》中，孟子明确提出"老吾老，以及人之老；幼吾幼，以及人之幼"，强调对长辈的尊敬和对晚辈的爱护，是孝悌思想的具体体现。"仁"是儒家学说的思想核心，而"孝悌"则是儒家"仁"德的逻辑起点，是千百年来中华民族道德伦常的文化基础。孝悌思想是中国古人运用情感的复杂向度，也是对生命体验与价值判断的深刻传达。

时至今日，孝悌文化依然承担着促进社会和谐的重要纽带作用。孝悌文化的弘扬，可以帮助人们在忙碌的生活中找寻到情感的寄托，增强家庭的凝聚力。

此外，孝悌文化也有助于提高人们的基本道德素养，增强社会成员间的信任和互助精神，缓和社会矛盾，促进社会稳定。

拓展阅读

敬老尊贤，习近平总书记一直身体力行。1984年12月7日，时任河北正定县委书记的习近平第一次在《人民日报》发表署名文章，标题就是《中青年干部要“尊老”》。2016年5月27日，习近平总书记在中共中央政治局第三十二次集体学习时强调：“要把弘扬孝亲敬老纳入社会主义核心价值观宣传教育，建设具有民族特色、时代特征的孝亲敬老文化。”让所有老年人幸福美满地安度晚年，始终是习近平总书记心中一份沉甸甸的牵挂，也是党中央带领全国人民全面建成小康社会、全面建设社会主义现代化强国，满足人民对美好生活向往的重要内容。

不得❶乎亲，不可以为人；不顺❷乎亲，不可以为子。

出处

《孟子·离娄上》

注释

❶ 得：得到欢心之意，一说相处得好。

❷ 顺：顺从，遵从。

译文

与父母的关系相处得不好的人，就失去了起码的做人资格；子女不能顺从父母的心意，便不能作为子女。

解读 《孟子·离娄上》中说："孟子曰：'天下大悦而将归己，视天下悦而归己犹草芥也，惟舜为然。不得乎亲，不可以为人；不顺乎亲，不可以为子。舜尽事亲之道而瞽瞍厎豫，瞽瞍厎豫而天下化，瞽瞍厎豫而天下之为父子者定，此之谓大孝。'"这里，孟子赞扬了舜帝的孝行。与孝敬父母相比，舜帝可以将天下归附这种好事视为草芥一般。而舜竭心尽力孝顺父母，他的父亲瞽瞍高兴了，天下的风俗伦常也必将变得更好。实际上，"不得乎亲，不可以为人；不顺乎亲，不可以为子"，既是赞扬舜帝的孝行，也是儒家对所有人的道德要求，强调了"为人"的原则，即做人首先要做一个孝顺的人，仁爱之心必须从孝顺父母开始培养，这是一切道德的基础和开端。

春秋时期，楚国有一位隐士，叫莱子。由于年龄很大，人们索性称他为老莱子。老莱子和他的父母都是长寿之人。相传老莱子是个非常孝顺的人，有什么美味的食物，总是先拿给父母吃。他的父母吃不了硬的食物，老莱子便把饭菜做得软烂，让父母根本不需要咀嚼便能吃下去。虽然他本人的年纪也有七十多岁了，但他从不称老，因为其父母都已九十多岁且依然健在，若自称年老便越发显示出父母的年迈力衰，会伤了父母的心。为了让父母开心，老莱子常常穿着花衣服，手拿着拨浪鼓装扮成孩子的样子，在父母身边戏耍。有一次，老莱子为双亲送水，进屋时不小心摔

了一跤，怕父母伤心，便索性躺在地上学小孩子哭，父母看着他滑稽可爱的样子大笑不止。这便是传统二十四孝中“戏彩娱亲”的故事，有诗赞曰：“戏舞学娇痴，春风动彩衣。双亲开口笑，喜色满庭闱。”

孝道是中国文化的纽结和核心，也是中华文化的鲜明特点和基本精神。中国传统孝道文化，内涵丰富，涉及面广，主要包含敬亲、奉养、侍疾、立身、谏诤、善终等。传统的孝道观念主要强调子女对父母的绝对服从和顺从，这种自下而上的孝道在现代社会逐渐被互惠性的孝道所取代。互惠性孝道基于父慈子孝，强调亲子之间的平等关系。这种转变不仅符合现代社会崇尚理性、平等的价值观要求，也更有利于建构和谐的家庭关系。

拓展阅读

“孝”字，最早出现于三千多年前殷墟的甲骨文中，从甲骨文来看，“孝”字的上半部分是老人，下半部分则代表着孩子，整个字的结构呈现为孩子背着老人的画面，寓意孩子赡养老人。也有人说是一个老人在伸开双臂精心呵护着孩子，代表老人对孩子的关心和爱护。在金文中，“孝”字保持了甲骨文的形状，但更加具体地描绘了孩子搀扶老人的形象，强调子女对父母的服侍和尊敬。秦汉时期，“孝”的字形逐渐简化，形成了现代隶书和楷书的形状，更易于书写和识别。从字面来讲，“孝”是祖祖辈辈薪火相传的交接，是一个家族精神的传承。

孝有三：大孝尊亲，其次弗❶辱，其下能养❷。

出处

《礼记·祭义》

注释

❶ 弗：不。

❷ 养：养活，赡养。

译文

孝顺父母有三个层次：上等是尊敬父母，中等是不使父母受到羞辱，下等是只能赡养父母。

解读

《礼记·祭义》中说："曾子曰：'孝有三：大孝尊亲，其次弗辱，其下能养。'公明仪问于曾子：'夫子可以为孝乎？'曾子曰：'是何言与？是何言与？君子之所为孝者，先意承志，谕父母于道。参，直养者也！安能为孝乎？'"这是曾子与其弟子公明仪的对话，一方面，曾子将孝分为三个层次，即尊亲、弗辱和能养；另一方面，曾子自谦地说自己对父母只做到了第三个层次，距离"先意承志"即在父母的意志没有表示之前就预先知道，并且按照他们的意志去做还相去甚远。

接着，《礼记·祭义》中又从反面讲不孝："居处不庄"即日常起居不庄重，"事君不忠"即为君主做事不忠诚，"莅官不敬"即做官不慎重，"朋友不信"即与朋友交往不讲诚信，"战陈无勇"即作战打仗不勇敢，此五个方面，皆属不孝。如上五事，关系个人修养、家庭生活、从政治国、社会关系构建等，似与孝并无直接关联，为何尽属不孝呢？《礼记·祭义》中言："五者不遂，灾及于亲，敢不敬乎？"也就是说，如若这五个方面做不到或者做得不好，也就等于给父母带来了祸殃。因此，还是从尊亲或者弗辱的角度来讲孝的。此外，"孝"与"养"是相区别的，如果只是在父母生前尽赡养的义务，烹调鲜美的食物奉献给父母，那也只能算作"养"而不能算作"孝"。

"孝有三：大孝尊亲，其次弗辱，其下能养"启示我们：对个人来说，要更加注重关心父母的心灵世界，越“养”而尽“孝”，实现父母精神上的富裕；对于社会来说，要关爱老年人，在全社会形成尊老敬老的良好社会风尚，不仅让老年人老有所养、老有所依，更要让老年人老有所乐、老有所安，甚至是老有所为。正如2024年10月9日习近平总书记给“银龄行动”老年志愿者代表的回信中所言：“老年人是党和国家的宝贵财富。希望广大老年朋友保持老骥伏枥、老当益壮的健康心态和进取精神，既要老有所养、老有所乐，又要老有所为，为推进中国式现代化贡献‘银发力量’。”

拓展阅读

曾子在与弟子公明仪的对话中虽然强调“参，直养者也”，但是众所周知，此为曾子自谦之词。孝是曾子思想的核心内容之一，曾子是孝敬父母的典范。《新语·慎微》中说：“曾子孝于父母，昏定晨省，调寒温，适轻重，勉之于糜粥之间，行之于衽席之上，而德美重于后世。”曾子常年早晚问候父母，并无微不至地照顾父母的饮食起居，正是在细微处表达自己对父母的敬爱之情。传统二十四孝中还有“啮指痛心”的故事，讲的就是曾子入山打柴，恰赶上家里来了客人，曾母不知所措，就用牙齿咬自己的手指，曾参忽然觉得心疼，知道母亲在呼唤自己，便速返家中。当然，抛开某种神秘色彩，这正表现了曾子与母亲之间的心灵相通。

树欲静而风不止，子欲养而亲不待[1]也。

出处

西汉·韩婴《韩诗外传》卷九

注释

[1] 待：等候，等待。

译文

树想要静止，风却不停地刮动它的枝叶；子女想要赡养父母，但父母却已经离去。

解读 《韩诗外传》卷九曾记载了孔子与皋鱼见面的一个场景。春秋时孔子偕徒外游，忽闻道旁有哭声，于是停下车到近前一看，原来是皋鱼，他穿着粗布衣服，手拿镰刀，哭得很悲切。面对孔子“何哭之悲也”的疑问，皋鱼回答自己有三个过失，后被称之为“皋鱼三失”：“吾失之三矣：少而学，游诸侯，以后吾亲，失之一也；高尚吾志，间吾事君，失之二也；与友厚而小绝之，失之三矣。树欲静而风不止，子欲养而亲不待也。往而不可得见者亲也，吾请从此辞矣。”

“树欲静而风不止，子欲养而亲不待也”，是皋鱼所述的第一个过失。他认为自己少时游学各国，归时双亲已故，为人子者，昔日应侍奉父母时而不在，犹如树想停下来可是风却摇动不止。逝者已矣，其情难忘。皋鱼最后“立槁而死”，即站着不动像枯树一样死去。孔子借此告诫随行的弟子，希望他们从中反思。此事以后，孔子有十三名弟子辞别回家奉养双亲。可以说，“树欲静而风不止，子欲养而亲不待也”一语，表达了一种无奈和遗憾，它告诫子女们，行孝要趁早。这反映出“百善孝为先”的重孝观念，后人常以“风树之悲”来借喻丧亲之痛。

实际上，每个人都希望父母永远健康，可是却无法阻止时间如流水般逝去，俗语云：“孝子床前一碗水，胜过坟前万堆灰。”人生无常，孝顺莫等。追求事业、追求理想固然重要，但这不能成为忽视父母亲人的借口。要用心去关爱父母，生活上尽心赡养，心理上倾情关怀，不给自己留下遗憾。

拓展阅读

“风树之悲”常被用来表达子女对已故父母的深切怀念。“风树”比喻因父母亡故而不能奉养之意。《续高僧传·译经二·释宝唱》中即载：“临朝端默，过隙子思弥轸；垂拱岩廊，风树之悲逾切。”这里，作者描述了一位在朝廷中端坐默然的官员，他心中充满了对逝去时光的惋惜，尤其是在那庄严的宫殿中，他更加深切地感受到了失去双亲的悲痛。父母在，尚有来处；父母去，只剩归途。这种情感共鸣跨越时空，成为人们表达对逝去亲人怀念之情的重要方式。

乌鸟私情❶，愿乞终养❷。

出处

西晋·李密《陈情表》

注释

❶ 乌鸟私情：古时传说乌鸦长成之后衔食反哺其母，因以“乌鸟私情”比喻奉养长辈的孝心。乌鸟，乌鸦。

❷ 终养：养老送终。

译文

我怀着乌鸦反哺的私情，企求能够准许我完成对祖母养老送终的心愿。

解读 李密，西晋文学家，出生六月丧父，四岁时母亲何氏改嫁，他由祖母刘氏抚育长大。曾任蜀汉益州从事、尚书郎等职，蜀汉灭亡之后，专心在家供养刘氏。晋武帝司马炎听说了李密的贤名，下旨征召他为太子洗马，即太子的侍从官。但李密想留在祖母身边尽孝，于是，李密在上书给晋武帝的表文《陈情表》中说："臣密今年四十有四，祖母刘今年九十有六，是臣尽节于陛下之日长，报养刘之日短也。乌鸟私情，愿乞终养。"这里，李密以乌鸦反哺类比，强调了祖母年老多病，正是需要人侍奉的时候，因此拒绝了征召。

在《陈情表》中，李密言辞恳切地说："臣无祖母，无以至今日；祖母无臣，无以终余年。"晋武帝看到此表后，被李密的一片孝心打动，赞叹李密"不空有名也"，不仅同意他暂不赴诏，还赏赐他两名奴婢帮他照顾刘氏，并命令其所在郡县官员，发给他赡养祖母的费用。祖母刘氏去世后，李密又为刘氏守孝三年，孝期结束，他才奉召做了太子洗马。

汉代桓宽《盐铁论》中有言："孝在于实质，不在于饰貌。"孝顺的本质，不在于表面的装饰和虚浮的言辞，而在于将对父母的恭敬和爱落实为实在而质朴的行动。只有像李密一样常怀乌鸟私情之心，切行愿乞终养之实，才能真正地体会到孝的精神内涵。

拓展阅读

在《陈情表》中，李密写道："前太守臣逵察臣孝廉，后刺史臣荣举臣秀才。"意为起初有太守逵推选他为孝廉，后来刺史荣又举荐他为秀才。这里所提到的"孝廉"并不是一个具体的官职，而是汉朝察举制度中极为重要的选拔标准，代表着"孝顺亲长、廉能正直"的品德。"举孝廉"是汉朝一种由下而上推选人才为官的制度，而"孝廉"则是察举制的主要科目之一。也就是说，当时的人要想做官，首先要做到孝顺和廉洁。

资❶父事❷君，曰严❸与敬❹；孝当竭力，忠则尽命。

出处

南朝梁·周兴嗣《千字文》

注释

❶ 资：供给，奉养。
❷ 事：侍奉。
❸ 严：严肃，威严。
❹ 敬：诚谨，恭敬。

译文

供养父母、侍奉国君要做到谨慎、恭敬。孝顺父母要竭心尽力，为国君效忠要不惜献出生命。

解读　《千字文》是用一千个不重复的汉字编写的绝妙韵文，作者为南朝梁代的周兴嗣，内容涉及天文、地理、政治、历史、伦理、社会等方面，可谓包罗万象。该书原本未划分章节，后来清代汪啸尹纂辑、孙谦益参注的《千字文释义》将其分为四章。按《千字文释义》，"资父事君，曰严与敬；孝当竭力，忠则尽命"属于第二章，自"资父事君，曰严与敬"开始，"此下十四节，皆言人伦。而人伦之中，莫大于父子君臣，故又别而言之"。从文字结构上言，"孝"是承"资父"而言，"忠"是承"事君"而言，表达了传统社会家国同构、移孝作忠的思想。

诸葛亮是移孝作忠的典范。众所周知，他三岁丧母，八岁丧父，即使丧母时不识生离死别，然其七岁入私塾学习儒家经典，丧父时应该已然懂得人伦道理，父亲离世，定然是伤痛欲绝的。之后，诸葛亮跟随叔父诸葛玄生活。按《三国志·蜀书·诸葛亮传》所言，诸葛玄去世后，诸葛亮"躬耕陇亩"，即亲自在田地里耕种，直至后来出山辅佐刘备。从诸葛亮以上经历来看，似看不出其为孝敬父母之出类拔萃者。但是，诸葛亮的"孝"体现在后来发生的两件事情上，一是诸葛亮对父母的"大孝"，即作了传承诸葛家风的千古名篇《诫子书》，全文八十六个字，字字珠玑，是中国古代家训的典范；二是诸葛亮对成就蜀汉伟业的"大孝"，他将内心之孝转变为《出师表》

中“受任于败军之际，奉命于危难之间”的担当意识，转变为“夙夜忧叹，恐托付不效，以伤先帝之明”的竭虑忧惧，转变为北定中原、兴复汉室的赤胆忠心。

“资父事君，曰严与敬；孝当竭力，忠则尽命”启示我们：要正确处理小家与大家的关系，从家国一体的角度，夯实家是最小国、国是千万家的理念。正如习近平总书记在会见第一届全国文明家庭代表时的讲话中所言：“广大家庭都要把爱家和爱国统一起来，把实现家庭梦融入民族梦之中，心往一处想，劲往一处使，用我们4亿多家庭、13亿多人民的智慧和热情汇聚起实现‘两个一百年’奋斗目标、实现中华民族伟大复兴中国梦的磅礴力量。”

拓展阅读

《三国志》是一部以魏为正统，记载魏、蜀、吴三国历史的纪传体国别史，时间跨度为魏文帝黄初元年（220）至晋武帝太康元年（280）。其中《魏书》三十卷，《蜀书》十五卷，《吴书》二十卷，共六十五卷，作者为晋代陈寿。《三国志》是前四史之一，其中《后汉书》撰于南朝刘宋年间，成书时间明显晚于该书。因此可以说，该书是直承《史记》《汉书》的。陈寿死后约一百三十年，南朝裴松之为《三国志》作注，结合裴注来读《三国志》，收获会更大。

谁言寸草❶心，报得三春晖❷。

出处

唐·孟郊《游子吟》

注释

❶ 寸草：小草，比喻子女。

❷ 三春晖：春日暖阳之意，喻指慈母之恩。三春，旧称农历正月为孟春，二月为仲春，三月为季春，合称三春。

译文

子女像小草那样微弱的孝心，如何能够报答得了像春日暖阳一般的慈母恩情呢?

解读 《游子吟》是唐代诗人孟郊创作的一首颂扬母爱的千古名作，全诗为："慈母手中线，游子身上衣。临行密密缝，意恐迟迟归。谁言寸草心，报得三春晖。"这首诗直抒胸臆，感情真挚，通过对临行前缝衣这一普通场景的回忆，凸显了母亲的慈祥与无私。特别是"谁言寸草心，报得三春晖"一句，采用传统的比兴手法，将子女与慈母之情以草木与阳光作比，形象生动，寄托着子女对母亲发自肺腑的爱，是整篇诗作的核心。

孟郊，字东野，出身清贫之家，早年漂泊无依，居无定所，且屡试不中，蹉跎半生。直至四十六岁时，奉母命第三次应试，才得进士登第。但他并没有马上获得进入仕途的机会，四年之后，孟郊在五十岁时终于等来了任命书，在溧阳做了县尉。尽管不尽如人意，但对于孟郊来说也足以安身立命。他立刻赶回老家，将母亲接到溧阳同住，方便照料。仕途失意，饱经风霜，他越发觉察亲情的可贵，于是写下了这首颂母之诗。全诗语言淳朴，感情真挚，将慈母对即将远行子女的担忧与不舍描绘得淋漓尽致，表达了诗人对母亲的深深感激，引发了后世无数读者的强烈共鸣。

习近平总书记在2015年春节团拜会上的讲话中，就引用了孟郊的《游子吟》，以此阐明家庭在中华儿女心中的地位："中华民族自古以来就重视家庭、重视亲情。家和万事兴、天伦之乐、尊老爱幼、贤妻良母、相夫教子、勤俭持家等，都体现了中国人的这种观念。‘慈母手中线，游子身上衣。临行密密缝，意恐迟迟归。谁言寸草心，报得三春晖。’唐代诗人孟郊的这首《游子吟》，生动表达了中国人深厚的家庭情结。家庭是社会的基本细胞，是人生的第一所学校。”和谐的家庭环境、优良的家风传承、良好的家教家规，是一个幸福家庭应有的模样，也是我们每个人一生的宝贵财富。

拓展阅读

1969 年，不满十六岁的习近平背起行囊，远赴陕北梁家河插队。儿行千里之际，母亲齐心亲手为习近平缝制了一个针线包，并在上面绣了三个红色的大字：娘的心。七年知青岁月，小小的针线包默默陪伴着习近平，支撑和鼓舞他在插队时渡过了一道又一道难关，并与陕北的乡亲们结下了深厚的情谊。梁家河也成为他带着初心出发的地方。2001 年春节，时任福建省省长的习近平因工作原因无法回北京跟父母团聚。对此，接到电话的母亲齐心反而十分高兴，她说：“只要你把工作做好了，就是对爸爸妈妈最大的孝心，这就是对家庭负责，也对你自己负责，这都一致的。”母亲言传身教，习近平也亲身笃行，并将对自己父母深深的孝和爱升华为对社会所有老年人的大孝和大爱。

但[1]行孝顺勤耕种，天不亏[2]人不到贫。

出处

南宋·许及之《劝农口号十首》（其二）

注释

❶ 但：只，只要是。

❷ 亏：亏待，亏欠。

译文

只要人们恪守孝顺和勤劳，就能得到上天的眷顾，生活不至于陷入贫困。

解读 宋代诗人许及之作《劝农口号十首》，其中第二首为“二劝农家奉二亲，爷娘养尔望终身。但行孝顺勤耕种，天不亏人不到贫”。前两句，既点明了主题是劝告农民务必孝敬父母，又阐明了父母养育子女的期望是子女能陪伴自己度过一生，强调了子女奉行孝道是基本的家庭责任。后两句一方面表达了孝顺父母和勤劳耕种是子女奉行孝道的行为规范，孝顺被视为人伦之本，勤劳被视为农耕社会的基本美德，二者相辅相成；另一方面也借助“天”表达了对勤劳之人的肯定和对公平的价值追求，体现了经济与道德之间的关系。

刘义庆在《世说新语·德行》第四十五则记载了“焦饭遗母”的故事。据传，有一个叫陈遗的人，他在家非常孝顺，由于他的母亲特别喜欢吃锅底的焦饭，也就是现在常说的锅巴，所以陈遗在外当差时总是随身携带一个口袋，每次煮饭时总会先把锅底的锅巴留下来放到口袋里积攒起来，等他要回家时就带给母亲吃。后来恰逢吴郡（治所在今苏州）孙恩发动兵变，陈遗当天就要出征，而此时口袋里已经储存了好几斗锅巴还未来得及带给母亲，就匆匆地随军赶到前线。战争失败，军队溃散，很多官兵逃到山林沼泽之地，几乎找不到粮食可吃，许多人饥饿而死，唯独陈遗靠着口袋里积攒的锅巴存活下来。面对这种现象，《世说新语》中载“时人以为纯孝之报也”，即人们都认为这是孝心给陈遗的最大回报。此外，在传统社会中，自耕农经济占据主导地位，农民的生产生活方式主要以耕种和织布为主，粮食和布帛是他们最重要的生产成果，因此，勤劳耕种的价值观念也在人们心中扎根生长，并成为一种道德要求。

在现代社会中，人们逐步实现了孝顺、勤劳的双重价值内涵与时代的同频共振。孝顺不再仅仅局限于对父母的顺从，而是更多地强调感恩、恭敬和仁爱，新二十四孝就是孝道的当代表达；勤劳也不再仅仅是为了生存或满足基本物质需求，而是成为实现个人梦想和彰显社会价值的基本途径。

拓展阅读

新二十四孝是指新版“24 孝”行动标准，由全国妇联老龄工作协调办、全国老龄办、全国心系系列活动组委会于 2012 年 8 月 13 日共同发布。其中包括“带着妻小常回家”“关爱父母说出口”“沟通父母心结扣”等内容，还有与现代生活紧密相关的行为准则，如“教会父母能上网”“给父母买对保险”等。此外，还有突破传统观念的“赞成单亲再婚好”等行为准则。新二十四孝既是对传统二十四孝的继承和创新，也更加简洁易懂，更符合现代人的生活方式，易于理解和落实。

诸子生涯各有成[1]，从来孝顺两边生。

出处

南宋·释师范《颂古四十四首》（其九）

注释

[1] 成：发展，成就。

译文

每个人都有自己的人生轨迹和成就，但孝顺应当是伴随其成长始终不变的原则。

解读 宋代诗人释师范在《颂古四十四首》（其九）中写道："诸子生涯各有成，从来孝顺两边生。贪欢一夜浑家乐，失晓连忙打五更。"他通过对比的手法描绘了"孝"这一传统美德与实现人生追求的密切关系，并指出，诸子各自的生活追求和人生目标千差万别，但孝始终应是大家共同遵循的价值观念。

"诸子生涯各有成"以宽广的视角展开，暗示人生发展方向的多样性。这里的"成"不仅指事业上的成功，也可以理解为成长、修养或人生经历的积累。"从来孝顺两边生"，则将焦点收束至"孝"这一传统核心价值观上，即使每个孩子都有不同的追求和成就，孝顺仍是他们的共同根基。

颍考叔，春秋时期郑国人，他为人正直，事母至孝，兄弟相亲。当时，郑国君主郑庄公寤生因为母亲姜氏和弟弟共叔段造反，十分愤怒和悲痛。平定叛乱后，其弟共叔段逃到共国，而母亲姜氏则被放逐到远离都城的颍地，郑庄公立誓与姜氏"不及黄泉，无相见也"。颍考叔得知此事后，深感不满，认为无论姜氏是否合乎母亲的身份，作为儿子都应当履行孝道。他以进献野味之名求见郑庄公，用鸱鸮（chī xiāo）啄食母鸟的故事暗示郑庄公的行为实属不孝。恰巧宰夫进献蒸羊，郑庄公命人割下一只羊腿赐给颍考叔品尝，但颍考叔并不食用，只是撕下一小块包好揣在怀里，表示不能独自享用，要带回敬奉母亲。郑庄公听到此番话后，突然沉默，而后悲痛叹息。颍考叔故作不知，询问缘由，郑庄公便把事情经过如实告知了颍考叔。当郑庄公谈到，他已对天发过誓，不到地下黄泉不与母亲见面时，颍考叔提出了一个巧妙的办法——在颍地挖一个深洞，模仿黄泉的样子，这样一来，既没有让郑庄公违背誓言，母子二人又能通过这个洞得以相见。最终，郑庄公黄泉认母，深感愧疚，将姜氏接回宫中恩养永年。颍考叔官至郑国大夫，他不仅孝顺自己的母亲，还把这种孝心推广到郑庄公身上，使其不念旧怨，重拾亲恩。

孝的美德与个人成就的关系是一个深刻且复杂的话题，涉及家庭伦理、个人责任、社会期待，以及个体的成长和发展等问题。传统的孝道观念通常从义务的视角强调子女对父母的顺从、照顾、尊重、恭敬，并将这种义务视为个人德行和社会责任的重要体现。孝不仅仅是道德上的要求，它往往影响着一个人的人生理想实现和社会舆论评价。可以说，孝是一个人成就伟业的动力源泉，个人的成长和成功又反过来增强了家庭的幸福、和谐和凝聚力。

拓展阅读

在中华优秀传统文化中，鸱鸮常被视为不孝之鸟。关于鸮鸟的形象描述，《东周列国志》中有言：“小时其母哺之，既长，乃啄食其母，此乃不孝之鸟。”颍考叔正是以鸱鸮啄食母鸟做类比，以鸟比人，指出郑庄公就像一些小时候依赖母亲的呵护，长大后却忘记回报甚至伤害母亲的人一样，这是十分不孝的。

兄道[1]友[2]，弟道恭。兄弟睦，孝在中。

出处

清·李毓秀《弟子规》

注释

① 道：应遵循的道德原则。

② 友：友爱。

译文

做兄长的要关爱弟弟，做弟弟的要尊敬兄长。兄弟之间和睦友爱，这也是对父母的一种孝顺。

解读 清代李毓秀在《弟子规》中说："兄道友，弟道恭。兄弟睦，孝在中。财物轻，怨何生。言语忍，忿自泯。"这里的"兄""弟"，不仅指哥哥、弟弟，还包括姐姐、妹妹。兄弟姊妹之间在财物上轻财重义，在言语上包容忍让，那怨恨、愤怒自然会消失。若兄弟姊妹间能够和睦相处，无疑减少了父母的烦恼，最欣慰的就是父母。因此，兄弟姊妹之间的"悌"也是对父母的"孝"，是对孝道的践行。

据南朝梁吴均创作的志怪小说集《续齐谐记》记载，曾有京城地区田真兄弟三人，决定分家，基本原则是"生赀皆平均"。然而，在分割家产的过程中，他们遇到了一个难题：家中的一棵紫荆树枝叶繁茂，象征着家族的兴旺与团结，却难以平均分配。最后，三兄弟还是忍痛决定将这棵树一分为三，并打算第二天伐树。谁知这棵树一夜之间就像被火烧了一样，枝枯叶焦。大哥田真见状，不禁大吃一惊，他把两个弟弟叫到一起，说："树本同株，闻将分斫，所以憔悴，是人不如木也？"此情此景，兄弟三人羞愧难当，抱哭一团，后悔不已，这正是"三田哭荆"的由来。这时，奇迹再次发生，当三兄弟宣布重归于好后，枯萎的紫荆树竟然奇迹般地恢复了生机，重新长出了嫩绿的枝叶，仿佛也在为家族的重新团结而欢庆。后来，田氏兄弟和睦相处，田真也"仕至太中大夫"。

《礼记·大学》中有语："宜兄宜弟，而后可以教国人。"宜兄宜弟，即为尊敬兄长、爱护兄弟之意。也就是说，兄弟和睦，可以扩而广之，推之及人，使得整个社会、国家都和谐。反过来，《颜氏家训》中亦有语："兄弟不睦，则子侄不爱；子侄不爱，则群从疏薄；群从疏薄，则僮仆为仇敌矣。如此，则行路皆踖（jí）其面而蹈其心，谁救之哉！"可见，兄弟之间不和睦，首先会导致子侄之间不互相爱护，其次会导致整个家族中的子弟互相疏远，再次是族中子弟的僮仆之间也相互仇视敌对，最后甚至就连陌生人也可以任意践踏、欺侮他们而无人解救帮助了。从如上一正一反知之，兄弟姊妹和睦不但体现了孝心，而且还会成为家庭团结、社会和谐、国家健康发展的基址。

拓展阅读

《续齐谐记》为志怪小说，南朝梁吴均撰。该书未见于《梁书》《南史》吴均本传，但于《隋书·经籍志》《旧唐书·经籍志》《新唐书·艺文志》《宋史·艺文志》等著作中皆有所载，现存一卷（仅此一卷亦不完整）。主要记载节令习俗类、仁义道德类、怪灵异物类等故事，在中国小说发展史上具有一定地位。《四库全书总目提要》中说，该书"在唐时已援为典据，亦小说之表表者矣"。

二　邻里和睦

亲仁善❶邻，国之宝❷也。

出处

《左传·隐公六年》

注释

❶ 善：友善，这里指与邻邦友好相处。

❷ 宝：珍贵之物，此处喻指治国的重要原则或策略。

译文

亲近有仁德的人，与邻国友好相处，是立国的法宝。

解读 这句格言是对中华民族传统睦邻智慧与处世之道的集中概括，出自《左传·隐公六年》。据记载，鲁隐公六年，郑庄公的军队攻打陈国，大获全胜。在此之前，郑庄公曾请求与陈国讲和，陈国国君陈桓公之弟五父劝谏陈桓公说："亲仁善邻，国之宝也。君其许郑。"五父劝诫陈桓公同意郑国的请求，两国交好，但陈桓公听不进去，结果导致国难。这里，以"亲仁善邻"为立国法宝，彰显了亲善友爱邻国、邻人的重要意义。

理解"亲仁善邻"，需要从"亲仁"和"善邻"两个层次去认识。"亲仁"是建立"善邻"关系的基础，有两层内涵：一是亲近"仁"这种品德，二是亲近具有"仁"这种品德的人。"亲仁"所追求的是人和人在平等基础之上的相亲相爱、和睦相处；"善邻"建立在"仁"的基础之上，倡导亲诚惠容、与邻为善的立场和态度，是对平等与责任原则的遵循。亲仁善邻，是中华民族重视和睦邻里关系、构建和谐地缘关系的处世智慧。

古代中国长期奉行睦邻友好、开放包容的对外政策，吸引了周边邻国的学子和商人争相来到中国。西汉时期，张骞出使西域，"凿空之旅"开启了陆上"丝绸之路"，促进了中国和西域国家之间文明的交流；隋唐时期，各国纷纷遣使来华交流，来自不同地区，有着不同文化和宗教信仰的人们可以聚在一起分享思想，进行贸易和交流，并相互学习。中华民族作为重信义、讲情义的智慧民族，与邻里、邻邦之间和睦相处、守望相助，与不同文明交流、交融、交锋，不仅积淀成中国人的处世之道，也成为中华民族始终追求的重要价值目标。

拓展阅读

2013年3月22日，国家主席习近平在俄罗斯“中国旅游年”开幕式上的致辞中曾引用“亲仁善邻，国之宝也”这句格言。2019年5月15日，国家主席习近平在北京国家会议中心出席亚洲文明对话大会开幕式，并发表了题为《深化文明交流互鉴 共建亚洲命运共同体》的主旨演讲，再次使用了“亲仁善邻”“协和万邦”的典故：“亲仁善邻、协和万邦是中华文明一贯的处世之道，惠民利民、安民富民是中华文明鲜明的价值导向，革故鼎新、与时俱进是中华文明永恒的精神气质，道法自然、天人合一是中华文明内在的生存理念。”

出入相友❶，守望❷相助，疾病相扶持，则百姓亲睦。

出处

《孟子·滕文公上》

注释

❶ 出入相友：出入相互做伴。

❷ 守望：防守，防盗，守望相助指抵御盗贼、相互帮助。

译文

人们出入劳作时相互伴随，抵御盗寇时互相帮助，有疾病事故时互相照顾，那么百姓之间就会关系融洽，和睦相处。

解读 这句格言生动描绘了古代社会邻里之间互帮互助、和睦友善的场景。这种场景，在滕文公的治国理念中得到了淋漓尽致的体现。《孟子·滕文公上》记载，滕文公曾向孟子请教治理国家的方法，孟子表示“贤君必恭俭礼下，取于民有制”。此后，滕文公又派遣臣子毕战去向孟子询问井田制的有关事宜，于是孟子从滕国面积狭小的现实出发，建议要整治农田、合理划分田地界限、合理制定官员俸禄和百姓应该缴纳的赋税标准，这样，民众收入稳定，自然愿意留在一处生活。“死徙无出乡，乡田同井，出入相友，守望相助，疾病相扶持，则百姓亲睦。”这里，孟子强调了井田制下邻里之间互相帮助的重要性，也对后世构建和谐邻里关系具有一般性的启发意义。

在滕文公的治理下，滕国的百姓不仅在生活上有所改善，更在精神上获得了极大的满足。邻里关系变得更加融洽，守卫防盗、互相帮衬成为他们生活的常态，彼此更加亲近和睦。这不仅增强了滕国的向心力和凝聚力，也为滕国的稳定繁荣奠定了坚实基础。后世据此典故引申出成语“守望相助”。

时至今日，邻里情谊成为社区乃至社会和谐的灵魂和基石。它不仅是一种简单的居住位置关系，更是一条深厚的情感纽带。邻里情谊的力量是巨大的，邻里能够在我们孤独时给予慰藉，在我们困难时伸出援手。这能够让社区变得更加温馨，让生活变得更加美好。此外，这句格言也启示我们：当我们以道德为准则而非以金钱为准则去对待邻居和朋友时，我们的内心就会获得更多宽慰和温暖，变得更加充实和强大，这种力量也能让我们在面对困难和挑战时更加坚定和勇敢。

拓展阅读

“守望相助”是指居住相近的人，在守卫和瞭望警戒中互相帮助，密切合作，从而在侵害来袭时，共同防御，获得平安。后来泛指彼此关照，互相帮助。当然，“守望”是建立在平等、尊重基础之上的心灵相通和实践落实，“相助”更强调在“守望”基础上的无私付出。守望相助是人与人友爱关系的集中体现，是人性光辉的美好表达，也是每个人内心的呼唤，是人们走上幸福之路的重要条件。

邻曲❶时时来，抗言❷谈在昔❸。

出处

东晋·陶渊明《移居二首》（其一）

注释

❶ 邻曲：邻居。

❷ 抗言："抗"同"亢"，高，抗言即高谈阔论或高尚其志的言论。

❸ 在昔：往事。

译文

邻居朋友经常来我这里，谈谈过去的事情，人人畅所欲言。

解读 这句格言出自陶渊明《移居二首》(其一),全诗为:“昔欲居南村,非为卜其宅。闻多素心人,乐与数晨夕。怀此颇有年,今日从兹役。弊庐何必广,取足蔽床席。邻曲时时来,抗言谈在昔。奇文共欣赏,疑义相与析。”这里,前六句写自己移居南村的愿望终得实现,后六句具体写移居南村后的生活,虽房屋破旧矮小、物质条件有限,但因经常有邻居拜访,探讨诗文,故而怡然自乐。“邻曲时时来,抗言谈在昔”写出了邻里相处的快乐,“时时来”三个字,生动地描绘出了邻里间交往的密切与频繁,“抗言谈在昔”则进一步展现了邻里间坦诚相待、无话不谈的亲密关系。

《移居二首》创作于410年,陶渊明时年四十六岁。408年,陶渊明隐居上京的旧宅失火,他暂时以船为家,两年后,即410年,陶渊明移居浔阳南里(今江西九江城外)之南村村舍。陶渊明在诗中强调,他移居南村并非为了寻找位置优越的宅院,而是为了与心性纯洁善良的人共处,享受简朴的生活。411年,陶渊明曾作《与殷晋安别》一诗,其中即有语:“去岁家南里,薄作少时邻。”“少时”即短时之意,也就是说,去岁迁家到南村,你我曾短暂做过近邻。这里说的是南朝宋大臣、文人殷景仁,他在江州晋安郡为官时曾暂居南村。此外,同时在此居住的还有江州刺史王弘的参军庞通之、南朝宋文坛领袖颜延之等人。由此可知，陶渊明《移居二首》诗中所说的友人多为读书人，故其邻里交往必然也是带着读书人的特点和爱好，共同欣赏奇文，探讨疑难，登高赋诗，饮酒欢谈，展现了邻里间和谐友好的氛围。

“邻曲时时来，抗言谈在昔”启示我们：在现代社会，虽然人们的生活节奏加快，邻里间的交往变得不再那么密切频繁，但邻里和谐、坦诚相待的道德内涵依然具有深远的现实意义。它提醒我们，在忙碌生活之余，不要忽视了邻里间的交流与情感沟通，只有建立起和谐友好的邻里关系，才能让我们的生活更加美好、幸福。

拓展阅读

在陶渊明的诗作中，他多次写到邻里之间的交往，根据诗句的具体内容可以分为如下几类：第一，共同从事农事活动，如《归园田居》（其三）“晨兴理荒秽，带月荷锄归”；第二，时常共同欢聚饮酒，如《归园田居》（其五）“漉我新熟酒，只鸡招近局”，《饮酒二十首》（其十四）“故人赏我趣，挈壶相与至”；第三，探讨诗文与人生，如此处所讲《移居二首》（其一）“奇文共欣赏，疑义相与析”。由此可见，陶渊明与邻里之间的关系非常和睦，他们互相帮助，互相尊重，共同营造了一个和谐、宽容、友爱的生活居住环境。

一百万买宅❶，千万买邻。

出处

唐·李延寿《南史·吕僧珍传》

注释

❶ 宅：宅子，府邸。

译文

用一百万钱买宅子，用一千万钱买邻居。

解读

《南史》列传第四十六《吕僧珍传》中说：“初，宋季雅罢南康郡，市宅居僧珍宅侧。僧珍问宅价。曰：‘一千一百万。’怪其贵，季雅曰：‘一百万买宅，千万买邻。’”吕僧珍生活于南朝梁武帝萧衍时期，才能出众，品德高尚，受到人们的称颂。有位名叫宋季雅的官员被贬在南康（今江西省赣州市）做当地的太守以后，买下了吕僧珍隔壁的一处宅院。一日，吕僧珍前来拜访，两人寒暄一番，吕僧珍问宋季雅：“先生买这幢房子，花了多少钱？”宋季雅回答说：“共花了一千一百万。”吕僧珍听了大吃一惊，认为价格过于昂贵，宋季雅却回答说：“我这钱里面，一百万钱是用来买宅院的，一千万钱是用来买您这位道德高尚、治家严谨的好邻居的啊！”这里强调了邻里关系的重要性，指出好的邻居对于一个人的生活质量和精神追求的重要性。后来，“百万买宅，千万买邻”“千万买邻”“千钱买邻”“千金买邻”皆由此而来，喻指好的人文环境胜过千金。

在传统社会，人们认为与品德高尚、有智慧的人为邻，能够提升自己的品德智慧和精神境界，反之则可能受到负面影响。因此，在选择住所时，不能只看重物质条件，更要关注邻里的品德作风，“孟母三迁”的故事便是最好的印证。孟子小的时候，他的母亲为了给他创造一个良好的成长环境，不惜三次迁居。每一次迁居，孟母都精心挑选邻里，确保孟子能够

受到良好的熏陶和影响。这个故事不仅展现了孟母对子女教育的重视，更凸显了邻里关系对于个人成长的重要性。

“一百万买宅，千万买邻”启示我们：邻里关系的好坏，直接影响到每个人的生活质量。一个好的邻居，可以让我们感受到人之间的温暖和社区的和谐；一个品行不端的邻居，则可能让我们陷入无尽的烦恼和纷争。因此，在选择住所时，我们应该注重邻里关系，尽量选择那些能够和睦相处、有公益心的邻居。同时，要积极维系和谐的邻里关系。在日常生活中，我们可以主动与邻居打招呼、聊天，增进彼此的了解和友谊；在遇到问题时，我们可以主动寻求邻居的帮助和支持，共同解决困难，增进彼此的感情。

拓展阅读

《孔子家语·六本》中说：“与善人居，如入芝兰之室，久而不闻其香，即与之化矣；与不善人居，如入鲍鱼之肆，久而不闻其臭，亦与之化矣。”这句话与“一百万买宅，千万买邻”有异曲同工之妙，意为：和好人在一起，就像进入了置放芝兰的房间，时间久了就闻不到它的香味，这是被它同化了；和坏人在一起，就像进入了咸鱼铺，时间久了就闻不到它的臭味，这也是被它同化了。后世据此引申出“芝兰之室”和“鲍鱼之肆”两个成语，分别比喻良好的环境和小人集聚的地方。

肯[1]与邻翁相对饮，隔篱呼取尽余杯。

出处

唐·杜甫《客至》

注释

[1] 肯：能否允许，这里指向客人征询。

译文

如果愿意和邻居家的老翁举杯对饮，那我就隔着篱笆呼唤他过来，一起把剩下的酒都喝完。

解读 这句格言出自杜甫的诗作《客至》，全诗为："舍南舍北皆春水，但见群鸥日日来。花径不曾缘客扫，蓬门今始为君开。盘飧（sūn）市远无兼味，樽酒家贫只旧醅（pēi）。肯与邻翁相对饮，隔篱呼取尽余杯。"这里，前两句描写居处的与山水鸥鸟为伍之景，凸显了杜甫与世相隔的心境；后六句写有客来访的欣喜以及诚恳待客、呼唤邻翁对饮的场景，流露出诗人诚朴恬淡的情怀，表现出了浓郁的生活气息。"肯与邻翁相对饮，隔篱呼取尽余杯"一语，作为整篇诗作的结尾，展现了杜甫与邻居之间的深厚友情。在诗人笔下，邻里之间的交往非常自然、和谐，不需要任何雕琢和修饰。

"肯与邻翁相对饮"中的"肯"字，表达了他对邻翁的友好和热情，也透露出他对友情的珍视；"隔篱呼取尽余杯"，则更加生动地描绘了邻里之间的亲密无间。在杜甫的笔下，篱笆并没有成为邻里之间的障碍，反而成为传递友情和温暖的中介。当诗人有酒有客时，他并未独自享用，而是愿意与邻居分享这份喜悦和美好。这场简单的聚会，不仅让诗人和客人欢欣喜悦，也让邻家老人感受到了温暖，表现了邻里之间的深厚情谊。

时至今日，随着中国农村的快速发展和城镇化的推进，邻里之间仅以一道简单的篱笆作为分界线的生活方式已逐渐离我们远去。但是，空间的阻隔不能成为阻碍邻里和睦的理由，杜甫所描绘的邻里之间和谐、友善的状态也不应该仅仅成为一种美好的愿景。邻里之间要以心换心、以诚换诚，这样，才能收获同样的真诚与真心。

拓展阅读

杜甫在《宾至》《有客》《过客相寻》《客至》等诗作中都写到了待客相聚的情景，但情感表达各不相同。在《宾至》中，杜甫叙写了接待达官相访时的情状，虽曰“宾至”，但未明确“宾”之姓名，可见，杜甫对其只是敬而远之而已，因此只用“百年粗粝腐儒餐”一语带过。在《有客》《过客相寻》中，杜甫提到：“自锄稀菜甲，小摘为情亲”；“挂壁移筐果，呼儿问煮鱼”，虽依然不够隆重、热烈，但已表现出杜甫待客的礼貌和亲切。而在《客至》中，杜甫不惜以大半篇幅具体展现以酒菜款待客人的场面，还突出了邀邻助兴的细节，充分表现了杜甫对邻居和朋友的诚挚、真率的感情。

寄食[1]依邻里，成家望子孙。

出处

唐·卢纶《落第后归山下旧居留别刘起居昆季》

注释

[1] 寄食：指暂居他人处，依赖他人生活供养。

译文

依靠邻里生活，盼望子孙能成家立业。

解读 这句格言出自卢纶的《落第后归山下旧居留别刘起居昆季》，表达了诗人失意后归隐山野、离别故友的悲愁之情。卢纶，唐代著名诗人，清代诗人王渔洋将其誉为“大历十才子之冠冕”，《新唐书》著录其诗集十卷。他的一生仕途坎坷，屡试不第，通过权贵推荐曾短暂担任官职，但仕途并不顺利。根据诗作题目可知，这首诗就写在一次科举落第之后。

“寄食依邻里”中的“寄食”意为依靠他人生活，常用来形容生活困顿、无法自立的人。诗人落第后处境艰难，不得不依赖邻里接济维持生计。这种寄居并非简单的物质依赖，更是一种情感寄托和精神慰藉。邻里没有因为他的失意而疏远他，反而更加热情地接待他，给予他生活上的帮助和精神上的鼓励。这种邻里之间的和睦与互助，让卢纶在困境中感受到了人间的温情。

“成家望子孙”表达了诗人对未来的期望，希望子孙能够成家立业，不再重蹈自己之覆辙。当然，卢纶并未因此沉沦放弃，而是选择以更加坚定的步伐继续前行。在邻里的关爱和支持下，他逐渐走出了困境，重新找回了生活的信心和勇气。这种不屈不挠的精神和邻里之间的深厚情谊，成为卢纶人生道路上最宝贵的财富。

实际上，邻里之间的温情互助并非惊天动地的壮举，而在于平凡日子里的点滴关怀。无论是帮忙照看孩子，借用彼此的生产工具，还是分享自家种的蔬菜，组团外出郊游，这些看似微不足道的小事，实则跨越古今，蕴含着邻里之间深厚的情谊。这就像一根根纽带，将原本陌生的人紧紧联系在一起，组成了一个温馨和谐的大家庭。在这里，人们更容易感受到归属感与幸福感，从而更加珍惜和维护这来之不易的和谐氛围。

拓展阅读

在中国辉煌的诗歌世界中，邻里关系被描绘得细腻且温馨。王维《偶然作六首》（其二）中的“有时农事闲，斗酒呼邻里”，描绘了邻里之间在农事闲暇时的聚会并比试酒量的场景；苏轼《浣溪沙·麻叶层层苘叶光》中的“麻叶层层苘叶光，谁家煮茧一村香。隔篱娇语络丝娘”，描绘了缫丝女隔着篱笆娇语交谈、轻声欢笑的聊天场景，反映了邻里之间默契而独特的交流方式。

僻❶巷邻家少，茅檐❷喜并居❸。

出处

唐·于鹄《题邻居》

注释

❶ 僻：偏僻。

❷ 檐：屋顶伸出的部分。

❸ 并居：相邻而居，即邻居。

译文

在一条偏僻的小巷里，邻居稀少显得冷清，但高兴的是跟隔壁的邻居在同一个屋檐下。

解读 唐代诗人于鹄曾作《题邻居》一首，全诗为："僻巷邻家少，茅檐喜并居。蒸梨常共灶，浇薤（xiè）亦同渠。传屐朝寻药，分灯夜读书。虽然在城市，还得似樵渔。"这里，通过描述与邻居在城市中简朴而和谐的生活，展现了诗人对邻里关系的珍视和对简朴生活的向往。"僻巷邻家少，茅檐喜并居"为诗作首联，"茅檐"象征着简朴的居住条件，"喜并居"则表达了诗人对这种生活方式的喜爱。作者开篇就指出，自己居住在偏僻的闾巷之中，颇为寥落，但并未因此而觉到悲苦，相反却感到欣慰，原因何在？因为仍有一人与自己比邻而居，并且自己与之颇有共同语言。两人比邻而居，来往方便；两人志同道合，引为知己。因此，虽身处陋巷却乐在其中。

事实上，唐代的邻里关系是一种以地缘为基础的社会关系，唐代盛行坊市制度，交易区称为"市"，居住区称为"坊"。"坊"由官府规划，四周筑有坊墙，定时启闭。坊内主要为民居，也有寺院和官僚府第，形成了封闭的居民区。坊市制度，始于西周，形成于春秋战国，兴盛于唐，至宋解体。于鹄生活在中唐时期，是坊市制度开始松懈的转折期，但尚未完全衰落。在坊市制度下，朝廷提倡和鼓励乡里分灾恤患、乡邻互助。据《旧唐书》列传卷五十五《宇文融传》，唐玄宗李隆基时曾制"分灾恤患，州党之常情；损余济阙，亲邻之善贷"，《唐律》中也明确规定了邻里见危不救的罪行，体现了法律对邻里互助义务的肯定和保护。

“僻巷邻家少，茅檐喜并居”启示我们：在快节奏的现代生活中，人们往往因为工作繁忙、生活压力大而忽视了邻里关系的建设。而诗人于鹄的生活方式提醒我们，良好的邻里关系对于个人的心理健康、家庭社区的和谐发展具有重要意义。这种纯真的邻里之情，正是今天的我们所缺失的宝贵精神财富。因此，我们应该注重邻里关系的维护和建设，积极参与社区活动，与邻居们建立起友好、互助的关系。

拓展阅读

“茅檐”在古代诗词中通常象征着简朴、宁静、自然的生活环境和生活方式。沈说在《茅檐》中说“茅檐夜雪晓开晴，自洗寒衣漉涧清”，描绘了夜里茅檐下飘雪，至清晨雪后晴朗的景象，表达了对过冬生活的乐观态度；王安石在《书湖阴先生壁》(其一)中说“茅檐长扫净无苔，花木成畦手自栽”，其中，“茅檐”代指庭院，描绘了庭院的清幽和整洁，透过手栽花木反映了诗人的生活品位。这些诗作都是通过“茅檐”这一意象，传达了诗人对自然美景的赞美和简朴田园生活的喜爱。

邻里皆相爱❶，门开数见过。

出处

唐·姚合《武功县中作三十首》(其九)

注释

❶ 相爱：相互友爱。

译文

邻里之间都相互关爱，门经常开着，大家经常见面交流。

解读 这句格言选自姚合所作《武功县中作三十首》（其九），全诗为："邻里皆相爱，门开数见过。秋凉送客远，夜静咏诗多。就架题书目，寻栏记药窠。到官无别事，种得满庭莎。"这里，描绘了田园生活的和谐与宁静。其中，"邻里皆相爱，门开数见过"表达了邻里之间的友好往来，每当门打开，就能见到彼此的身影。"邻里"指的是居住在附近的人们，"相爱"泛指邻里间的和睦相处，表达了邻里之间的友好和关爱之情。这种爱不仅是表面的客气，更是基于彼此理解、尊重和帮助的深厚情谊。"门开"象征着身体与心灵开放和接纳的态度，"数见过"说明了邻里之间交往的亲密频繁。

在中国传统文化中，邻里关系被视为非常重要的人际关系之一。古人提倡出入相友、守望相助、患难相恤，强调邻里之间的友好互助、相互关心。当然，要做到这些，离不开邻里关系和谐的基础，那就是宽容、礼让、谦和。据《太平御览·兽部》卷十五所载，曾有人错认东汉名士司马徽家的猪为己所有，司马徽便慨然将猪赠予那个人。虽然《太平御览》中并未明确说明那个人就是司马徽的邻居，但是按照常理可以推知，能到司马徽家中寻找自家丢失的猪的人，应为司马徽的邻里。之后，这个人便毫不客气地把猪赶回家。几日后，他从别处找到了自己的猪，非常惭愧，连忙把误认的猪送还给司马徽。司马徽不但没有责备他，而且“徽又厚谢”。因此，这个人十分感动。司马徽让猪的故事正是反映了邻里之间的谦逊礼让、宽以待人。

“邻里皆相爱，门开数见过”启示我们：在现代社会，虽然城市生活节奏加快，人与人之间的交往变得更为复杂，但邻里之间的和谐相处仍然非常重要。这句话也提醒我们，要珍惜邻里之间的情谊，积极参与社区建设，以宽容礼让之心共同营造一个温馨、和谐的社区环境，为社会的繁荣发展贡献力量。

拓展阅读

“邻里皆相爱”的“邻里”一词，曾见于《论语·雍也》：“原思为之宰，与之粟九百，辞。子曰：‘毋！以与尔邻里乡党乎！’”原思为孔子的学生，他做了孔子的私邑宰，孔子给他九百斗粟米，原思推辞不受。孔子对他说：“不要推辞。你可以把它分给你的邻里乡党嘛！”在这里，“邻”“里”并用，形成“邻里”一词。“邻里”的同义词有很多。如“邻党”，即邻里乡党的简称。再如“邻比”或“比邻”，唐代诗人王勃《送杜少府之任蜀州》中就有“海内存知己，天涯若比邻”一语。

邻里其集❶兮，乐哉欣欣❷。

出处

北宋·刘敞《逐伯强文》

注释

❶ 集：聚集，欢聚。

❷ 欣欣：愉悦，欢畅，表示心满意足的情感状态。

译文

当邻里们聚集在一起时，真是快乐无比、满心欢喜啊！

解读 这句格言出自宋代刘敞《公是集》卷三《逐伯强文》，描绘了邻里间和睦共处、欢乐相聚的美好画面。这不仅是对当时社会风貌的一种写照，更是对理想人际关系的一种向往。其中，“邻里其集兮”描述了邻里聚集的场景，表现了人与人之间的亲密关系和社交活动的热闹氛围；“乐哉欣欣”形容人们在聚会中充满了喜悦和满足感的快乐心情，“欣欣”既可指人的心理愉悦状态，也可以形容草木生机勃勃的样子，这里用来形容人的快乐情绪。通过“乐哉”和“欣欣”两词，传达了人们在邻里聚会时的幸福与满足，这种情感不仅体现在表面的欢乐中，还蕴含了对和谐人际关系的向往和赞美。

据《汉书·王吉传》记载，西汉名臣、经学家、琅琊王氏始祖王吉，自幼好学多问。住在长安时，东家邻居有一棵很大的枣树，枝叶延伸低垂到了王吉所住的院子里，王吉的妻子随手摘了几颗枣子，并拿给了王吉吃。事后，王吉才知道枣子是从东家邻居的枣树上摘的，他一气之下就休弃了自己的妻子。东家邻居听闻此事后，十分过意不去，执意要将枣树砍掉，后来，邻里们都劝东家邻居不要砍树，又让王吉把妻子接回来。因此当时流传着“东家有树，王阳妇去；东家枣完，去妇复还”的佳话。王吉休弃妻子，邻居欲砍掉枣树，两家宽容和睦至此，实为邻里和谐的典范。也只有以此为基础，才可能营

造出“邻里其集兮，乐哉欣欣”的融洽、温馨、欢乐、幸福的氛围。

“邻里其集兮，乐哉欣欣”启示我们：在这个快节奏的时代，我们不妨放慢脚步，用心去感受身边的每一份温情。邻里间的温情互助，不仅展现了人间真挚的情感，更是我们共同构建和谐社会不可或缺的力量。我们在追求物质文明的同时，更要注重精神需要的满足，让邻里之间的和谐与友爱成为生活中不可或缺的一部分。

拓展阅读

“邻里其集兮，乐哉欣欣”所塑造的邻里之间融洽、温馨、欢乐、幸福的氛围，似与陶渊明《杂诗十二首》(其一)“得欢当作乐，斗酒聚比邻”相类，皆表现了人与人之间通过简单的生活方式可以获得的无尽快乐。《杂诗十二首》(其一)中说：“人生无根蒂，飘如陌上尘。分散逐风转，此已非常身。落地为兄弟，何必骨肉亲！得欢当作乐，斗酒聚比邻。盛年不重来，一日难再晨。及时当勉励，岁月不待人。”其中，“得欢当作乐，斗酒聚比邻”，可看作是“落地为兄弟，何必骨肉亲”的补充，是将“比邻”视为了“兄弟”。一个能与“比邻”分享欢乐的人，才会进一步享受到那种不仅属于自己，也属于兄弟、属于“四海”的欢乐。虽然全诗着重表达了陶渊明对于人生无常、命途多舛的慨叹，因此要及时行乐、把酒言欢，但同时也表现出了对和睦邻里关系的赞美之情。

邻里通[1]有无，泉甘草无毒。

出处

北宋·李复《题朱老壁》

注释

[1] 通：交往，交换。

译文

邻里之间若是保持来往，互相帮助，那么此地一定泉水清甜，草木无毒。

解读 这句格言出自宋代李复的《题朱老壁》，诗作中后段为“清净语不烦，事任鞅掌仆。邻里通有无，泉甘草无毒。谁知庚桑子，今此居南麓。予非市朝人，受性本幽独。愿就谋一廛（chán），余外百无欲。”这里，描述了诗人的日常生活，清净无扰，处理事情轻闲，与邻里互通有无。特别是“予非市朝人，受性本幽独”一语，着重强调了诗人对隐逸生活的偏好和追求。全诗以田园生活为主题，表达了诗人对简单、宁静、纯真生活的向往。“邻里通有无，泉甘草无毒”强调了邻里互相关心、互相帮助的重要性。

《论语·公冶长》中说：“子曰：‘孰谓微生高直？或乞醯（xī）焉，乞诸其邻而与之。’”这是孔子批评微生高不耿直、不真诚之言。别人向微生高借醋，微生高没有直说自己家中没醋，而是去邻居家讨醋给予他人，因此孔子认为微生高不耿直。然而，从侧面言之，是否也反映出微生高有急人之所急、乐于助人的一面。借醋是邻里之间的一件再平凡不过的小事，但以小见大地反映了邻里之间互帮互助的关系。家是最小国，国是千万家。《左传·僖公十三年》中载“救灾恤邻，道也。行道有福”，《左传·僖公五年》《吕氏春秋·权勋》也皆载虢、虞两国唇亡齿寒之事，强调邻国之间也应相互帮助，彼此相依。

时至今日，社区“共享+”小屋兴起，成为“邻里通有无”这种精神的一种新时代延续。它主要是指居民通过网格群、“比邻议事板”线上线下两种方式“下单”，通过居民捐赠家中闲置玩具、图书、维修工具等闲置物品，实现物品共享。它巧妙串联起了邻里的生活，让居民通过物品互动起来，使邻里互助氛围更浓厚，“生人”变“熟人”，“陌邻”变“睦邻”。事实上，如果更多人能将助人融入自己的日常生活中，一些受助者、旁观者也会受到感染，主动加入助人者的队伍。我们应该主动伸出援手，帮助那些需要帮助的人，带动暖心接力，让助人为乐的文明精神得以延续。

拓展阅读

2024 年 5 月 22 日至 24 日，习近平总书记在山东考察时强调：“要坚持和发展新时代‘枫桥经验’，坚持以党建引领基层治理，提高基层党组织领导基层治理能力，提升农村公共服务水平，巩固农村和谐稳定、群众安居乐业的良好局面”；“要广泛践行社会主义核心价值观，持续深化城乡精神文明建设，抓好农村移风易俗，让现代文明理念在乡村深深扎根”。

人家❶打麦❷罢，邻里笑语同。

出处

南宋·陈造《祷雨福溪岩》

注释

❶ 人家：泛指乡村中所有农户家庭。

❷ 打麦：用工具使麦子去皮或脱粒。

译文

当农户们完成了麦子的收割与打场，邻里之间便洋溢着欢声笑语，共同庆祝这丰收的季节。

解读 《祷雨福溪岩》这篇诗作的前半部分为："我访福溪岩，行行黍稌中。人家打麦罢，邻里笑语同。迎官问来意，不信有蕴隆。淙激田间泉，诘曲走青虹。引泉有余用，此岩无阙供。福岩真福地，为民保年丰。"这里描绘了诗人到访福溪岩祈雨的场景，而福溪岩是象征福气之地，因此，诗人借祈雨福溪岩表达了对丰收和幸福的向往。"人家打麦罢，邻里笑语同"描写的是诗人在福溪岩的真实所见，不仅是在简单描写乡村生活，更是一种对和谐邻里关系的向往与赞美，展现了农耕文明下人与人之间温暖而深厚的情感。在麦收时节，人们忙完打麦的活儿后，邻里之间会聚在一起分享劳动的成果，彼此间谈笑风生，充满了欢声笑语。

陈造生活在南宋初期，实际上，历经了五代十国的混乱局面，宋代对乡里建设十分重视。宋代在承袭唐代乡里制的基础上，对其进行了改革，于宋太祖开宝七年（974）撤销"乡"的建置，改设"管"，选拔户长、耆长。宋仁宗至和二年（1055）"罢诸里正"，里正被户长取代。宋神宗熙宁三年（1070）推行保甲法，逐步废除户长，设置保长、大保长、副保正、都保正。南宋时期，虽宋室偏安东南，但总体上延续了北宋的基层治理制度。宋代基层治理制度和治理体系的完备谨严，为邻里间的相处提供了规范和保证。宋代还明文规定乡里人们要和睦相处，南宋判官胡石壁在《名公书判清明集·乡里》中说道："大凡乡曲邻里，务要和睦。才自和睦，则有无可以相通，缓急可以相助，疾病可以相扶持，彼此皆受其利。"

这句格言的背后，不仅是对丰收的庆祝，更是对邻里之间那份纯朴而真挚情感的赞美。它告诉我们，在生活的艰辛与挑战面前，邻里之间日常生活中的围席而坐、饮茶谈心、团结互助等，是一个人精神慰藉的重要来源。

拓展阅读

古代邻里关系注重道德规范与礼仪教化，以道德为调节手段，强调"亲仁善邻""乡邻和睦"等。儒家文化倡导通过基层乡里机构进行民众教化，以构建和谐的社会秩序和邻里关系。同时注重互助合作，尤其是在农忙时节，邻里之间会互相帮忙收割庄稼。在日常生活中，邻里之间也会互相借用生活用品、交流生产经验等。

亲情邻里喜归来，依旧柴门[1]僻处开。

出处

元·方回《岁除》

注释

[1] 柴门：用树枝编扎而成的简陋门扉，常用来形容乡野人家的朴素生活。

译文

当亲人和邻居们欢喜地归来时，那扇简陋的柴门依旧在偏僻的角落静静地为他们敞开。

解读 这句格言出自元代诗人方回所作《岁除》，全诗为："亲情邻里喜归来，依旧柴门僻处开。纵是桃符无可笔，未妨菜饼亦堪杯。著宽毛褐观残雪，洗古铜壶浸老梅。贺客明朝有诗客，踏青同与眺春台。"诗人以简洁明了的语言表达了与亲人和邻里团聚的欢欣喜悦之情。"亲情邻里喜归来，依旧柴门僻处开"一句，描绘了一种温馨而宁静的场景。其中，"柴门"象征着简朴的生活环境，"僻处开"暗示了这种环境的幽静恬然和远离尘嚣。"喜归来"的"喜"字，表达了诗人与家人、邻里重逢时那种溢于言表的幸福之情，这种情感在宁静的环境中显得更加纯粹和真挚。

方回生活在宋末元初之际，此时社会动荡，朝代更替。仕途上的坎坷让其身心俱疲，罢官闲居，归隐山林，成为其排遣悲伤的最佳选择。时值除夕，他独自一人在简陋的茅屋中度过，心中充满了对远方亲人的思念和对和平生活的向往。这时，他听到远处传来了脚步声，原来是几位亲朋邻居带着食物和年货前来与他共度佳节。那一刻，方回的心中充满了感动。他意识到，即使身处乱世之中，人与人之间的温情与互助依旧能像那扇柴门一样，为人提供避风的港湾。他心中那份对亲情的渴望和对邻里和谐的向往如这柴门一般，无论世事如何变迁，都坚定不移地等待着归人。

"亲情邻里喜归来，依旧柴门僻处开"一语，透露着诗人对简单生活的向往和对亲情、邻里关系的珍视，这种情感在现代社会尤为珍贵。今天的人们忙碌奔波，但那份对于亲情的牵挂和对邻里和睦的追求始终是人性中最闪亮的部分。在那悠长而温柔的岁月里，邻里间的互助与温情如同一缕清风拂过心田，留下了一串串温暖而美好的回忆。

拓展阅读

“柴门”通常代表着一种朴素、自然的居住环境和生活方式。唐代诗人杜甫在《柴门》一诗中，用柴门象征简陋的生活环境，传达了对贫困生活的切身体验和对社会现实的深刻批判。此外，柴门不仅指现实意义上的门，更是人心灵的归宿，一种内心宁静的象征，反映了传统士人对田园生活的热爱和对自然美景的赞美。

远水难救近火，远亲❶不如近邻❷。

出处

《增广贤文》

注释

❶ 远亲：血缘关系或婚姻关系疏远的亲戚。

❷ 近邻：位置紧靠的邻居。

译文

远方的水来不及扑灭近处的火，远方的亲戚不如近处的邻居。

解读 这句格言出自《增广贤文》，从字面上看，“远水难救近火”指的是远处的水源无法迅速扑灭近处的火焰，因为时间上的延迟会导致火势蔓延，无法及时控制。实际上，《韩非子·说林上》中就有类似表述：“失火而取水于海，海水虽多，火必不灭矣，远水不救近火也。”“远亲不如近邻”则表示住在远方的亲戚由于距离较远，可能无法及时给予帮助，而住在附近的邻居却能够迅速伸出援手，提供必要的支持和帮助。这句话通过类比的方式，说明在面对急难时，近邻的及时援助往往比远方亲戚的援助更为有效。

这一格言不仅是对邻里关系的一种赞美，更是对人与人之间互助精神的一种肯定和呼唤。中国自古以来就非常重视邻里关系，也非常关注居住时邻居的选择。《左传·昭公三年》记载：齐景公认为重臣晏婴的住宅与身份不匹配，便趁其出使晋国之际为其打造了新宅。等到晏婴归国后，发现宅院更换，坚决要恢复成之前的模样，并将周围的老邻居们请回。面对国君的好意，晏婴认为“非宅是卜，唯邻是卜”，打造、选择住宅时，宅院环境的好坏是次要的，周边四邻的德行才是最重要的。成语“唯邻是卜”便出自这一典故，意思就是选择住房时应优先考虑邻居的品质。邻里之间坦诚相待、友好和睦，便会同心协力、守望相助。

在现代社会，虽然人们的生活方式和居住环境发生了巨大变化，但邻里之间的这种互助精神依然值得珍视和传承。尤其是在面对自然灾害、突发事件等紧急情况时，身边的邻居往往能够第一时间伸出援手，为我们提供宝贵的帮助和支持。在日常生活中，应该多关注身边的人和事，要注重与身边的人维护关系，建立良好的邻里关系。

拓展阅读

《增广贤文》，又名《昔时贤文》《古今贤文》《增广便读昔时贤文》，是一部儿童启蒙书，内容涉及儒佛道经典、诗词、谚语、俗语等。书名最早见于明代戏曲作家汤显祖所写的《牡丹亭》，其中载“《昔氏贤文》，把人禁杀”一语，有学者认为，《昔氏贤文》即《昔时贤文》，据此可推知本书成书年代不会晚于明代。在书中除“远水难救近火，远亲不如近邻”外，告诫人们要维持良好邻里关系的句子还有：“割不断的亲，离不开的邻”“和得邻里好，犹如拾片宝”“与人不和，劝人养鹅；与人不睦，劝人架屋”“家中不和邻里欺，邻里不和说是非”，等等。

一纸书来只为墙，让他三尺又何妨❶。

出处

清·张英《让墙诗》

注释

❶ 何妨：无碍，不妨。

译文

远隔千里寄来书信，只为了争夺一堵墙的界限，让他三尺又有什么关系呢？

解读 这句格言出自清代大学士兼礼部尚书张英之手，体现了相互礼让、以和为贵的理念。这一理念强调了在邻里关系中，要学会通过退让和理解来化解矛盾。它既承载着中华民族重谦和的传统美德，也凝聚着化解基层矛盾的治理智慧。教人处邻更教人立身，以“礼让”相安而居，帮助我们凝聚共识，寻求“最大公约数”。

在安徽省桐城市市区，有一条长约百米、宽仅两米的窄巷——六尺巷。巷虽窄，但蕴藏着“以礼为先、以让为贤、以和为贵”的理念。清康熙年间，张英担任文华殿大学士兼礼部尚书，他老家桐城的家府与吴家为邻，两家院落之间有条巷子，供双方出入使用。后来，张家与邻居吴家发生宅基地纠纷，于是，张家人给张英写信求助，希望他出面解决。张英阅过来信，只是淡然一笑，挥笔写了回信，并附诗一首：“一纸书来只为墙，让他三尺又何妨。长城万里今犹在，不见当年秦始皇。”这首诗的意思是说，为了争三尺之地而千里迢迢地写信，实在不值得；如果能够退让三尺，这比争斗要明智得多。张家人收到回信后，决定按照张英的意愿行事，主动退让三尺。吴家见贤思齐也退让三尺，便形成了一条六尺宽的巷道，遂成“六尺巷”。

六尺巷是邻里和谐礼让的典范，它是一把人生的“尺子”，值得我们经常拿出来量一量。这条六尺巷不仅见证了张、吴两家人的宽容与大度，更传递了一种难能可贵的道德精神，和现代社会人们所强调的平等、尊重、理解、包容等元素相辅相成，使礼让精神有了新的表达。时下年轻人强调的“边界感”，其实质就是强调人与人之间的尊重，在人际交往中留出“六尺”、多让一分，给彼此更多的空间。在追求个人利益和荣誉时，也要学会站在更高的位置审视问题，以更加宽广的胸怀去包容和理解他人。

拓展阅读

在聊城市东昌府区东关大街111号傅斯年陈列馆的东侧，有一条全长约六十米、宽两米的仁义胡同。据说，清康熙年间，山东聊城傅氏家族因为与邻居间存在宅基地纠纷，于是修书一封，希望时任国史院大学士兼兵部尚书的清朝开科后的首位状元傅以渐能为家中撑腰。收到来信，傅以渐修书一封：“千里捎书只为墙，让他三尺又何妨？万里长城今犹在，不见当年秦始皇。”家人看后惭愧万分，主动让出三尺，邻居知道后也让出三尺。后来，当康熙皇帝南巡路过东昌府，得知发生在傅以渐家的让墙之事后，钦赐御匾，挥毫写下“仁义胡同”四个大字。据了解，全国有多处仁义胡同、三尺巷、六尺巷，故事传说基本相似，体现了相互礼让、以和为贵的中华传统美德。

治家严，家乃和；居乡恕❶，乡乃睦❷。

出处

清·王豫《蕉窗日记》卷二

注释

❶恕：原谅，宽容。

❷睦：和好，亲近。

译文

严格治家，家庭才会和睦；对乡邻大度忍让，邻里才会友好无事。

解读 王豫，生于乾隆三十三年（1768），卒于道光六年（1826），其在《蕉窗日记》卷二中说："史搢臣曰：事事顺吾意而言者，此小人也，急宜远之。又曰：治家严，家乃和；居乡恕，乡乃睦。"这里，前半部分是从处理人际关系的角度来讲，要疏远小人；后半部分是从家庭管理和邻里关系方面来讲，"治家严，家乃和"是强调治家需要严格管理，"居乡恕，乡乃睦"是强调与邻里相处要保持宽容的态度。"治家严，家乃和；居乡恕，乡乃睦"一语揭示了治家与处世之道：治家谨严则家庭和睦，处事宽容则乡邻和睦。

《太平御览·兽部》卷十二中记载了一则"罗威饲犊"的故事。有一个叫罗威的人，他发现邻居家的牛总是到他家田里啃食庄稼，于是他找到邻居交涉，可邻居不予理睬，依旧放任自己的牛到罗威的地里去糟蹋庄稼。面对邻居的无理，罗威没有与之争执，而是积极想办法解决。他每天早早出去打一筐青草背回来，喂给邻居家的牛吃。牛有了鲜嫩的青草吃，再也不跑出去吃庄稼了。邻居每天早晨起来，总看到牛圈前有一堆青草，颇感纳闷，心想："是谁这么好心帮我喂牛呢？"有一次邻居早起，正好看到罗威把打回来的青草倒在牛圈里。知是罗威所为，邻居顿觉愧疚，"自后更相约率检犊，不敢复侵威田"。罗威以宽容大度之心对待邻居，终使得邻里和睦。

"治家严，家乃和；居乡恕，乡乃睦"启示我们：

要严于律己、治家；宽以待邻、待人。在邻里关系上，没有人是一座孤岛，好的邻里关系不会从天而降，而是需要付诸更多行动。维护和睦、友善的邻里关系，每个人都是建设者和受益者。有人情味和共同体意识的社区环境，自然会让居民的生活更加美好。

拓展阅读

“治家严，家乃和；居乡恕，乡乃睦”一语，清代张鉴的《浅近录·家法》和清代金缨的《格言联璧·齐家类》皆录此句。张鉴生于乾隆三十三年（1768），卒于道光三十年（1850），其在《浅近录·家法》中说：“门内罕闻嬉笑怒骂，其家范可知；座右多书名语格言，其志趣可知。治家严，家乃和；居乡恕，乡乃睦。”前半部分意为：家门内很少听到嬉笑怒骂的声音，这个家庭的风范便可以从中知道；座位的右边写着许多名句格言，他的志趣便可得知。《格言联璧》初刊于咸丰元年（1851），《齐家类》中说：“治家严；家乃和；居乡恕；乡乃睦。治家忌宽，而尤忌严。居家忌奢，而尤忌啬。”后半部分强调了家庭管理的宽严和料理家务的奢啬的尺度问题。

三　勤俭持家

克[1]勤于邦[2]，克俭于家。

出处

《尚书·大禹谟》

注释

❶ 克：能够。

❷ 邦：古代诸侯封国之称，即国家。

译文

报效国家，要能够勤劳；主持家政，要能够节俭。

解读

《尚书·大禹谟》中说："克勤于邦，克俭于家，不自满假，惟汝贤。"这是舜帝评价大禹治水功绩的记载，称赞大禹完成了治水的功业，能够为国家大事不辞辛劳，居家生活却依然朴素节俭，不自满自大，不夸耀自己的才干和功绩，天底下也只有禹才能够做到。这句格言的核心思想在于强调在国家事务中要勤奋努力，在家庭生活中要节俭朴素，意味深长，寓意深远。

禹，史称大禹、帝禹，为夏后氏首领、夏朝开国君王。古时，黄河流域洪水常泛滥成灾，民不聊生。尧帝派遣鲧去治理洪水，九年过去，却毫无成效。舜帝继位后，鲧的儿子禹接过了治水的重任。他带领百姓辛勤劳作，夜以继日，与百姓一起节衣缩食，共同进退。他亲自翻山越岭，蹚河过川，树立标杆，带领人们登山开路，遇洼筑堤，疏通水道，引洪入海。他治水时间长达十三年，曾三过家门而不入，终于成功。此后，舜传位于禹。大禹继位后，依然秉持朴素节俭的作风，他并不在意自己的吃穿和住所，但对于关系民生的田间水路却极为讲究。他指导人们恢复农业生产，发展水上运输，使百姓安居乐业。成语典故"克勤克俭"以及后世常提到的"勤俭建国，勤俭持家"的口号就是由此而来。

在传统社会，勤俭被视为君子修身治国的重要品质，关系到国家的强弱和存亡。一个没有艰苦奋斗、勤俭节约精神的民族，难以自立自强；一个没有艰苦奋斗、勤俭节约精神的国家，难以发展进步。习近平总书记多次强调，要树立良好道德风尚，争做社会主义道德的示范者、良好风尚的维护者，其中就含蕴了“克勤于邦，克俭于家”的精神，这种精神不仅是一种生活态度和处世哲学，更是一种高尚的品质。它要求我们在社会工作中尽职尽责，在家庭生活中节俭持家，从而促进国家的繁荣和社会的和谐发展。这一美德不仅适用于古代，也适用于现代社会，是推动社会进步的重要力量。

拓展阅读

“勤俭建国，勤俭持家”出自朱德给子女的题词。1963 年 12 月 26 日，朱德给儿子朱琦、女儿朱敏写了两张同样内容的条幅，要求他们“发奋图强，自力更生，勤俭建国，勤俭持家，勤俭办一切事业”。朱德生活艰苦朴素，并以身作则，将勤俭节约这一优良家风传承给后代，他说：“我们要怎样才能把我们的家业创立起来呢？要靠勤劳，还要靠节俭。”

奢则不孙①，俭则固。与其不孙也，宁固②。

出处

《论语·述而》

注释

① 孙：同“逊”，谦逊，恭顺。

② 固：鄙陋，寒酸。

译文

奢华就会傲慢，俭朴则会寒酸。与其傲慢，不如寒酸。

解读 “子曰：‘奢则不孙，俭则固。与其不孙也，宁固。’”这句话出自《论语·述而》，句中的“不孙”意为不谦逊、傲慢自大之义，这里主要指越礼犯上的行为。孔子认为过于追求物质上的奢华容易让人产生膨胀的欲望，从而导致行为傲慢、不守礼义，生活俭朴虽然会让人感到寒酸，但与越礼犯上相较，宁可寒酸以维护礼的尊严，也不能像那些诸侯大夫一样过着奢靡越礼的生活。这句格言表达了孔子对于奢侈与节俭的深刻见解，也蕴含了他所倡导的中庸之道。他主张要在二者之间取得平衡，既不过分奢侈也不过分节俭，以达到和谐与平衡的理想状态。

《国语·鲁语上》记载这样一则故事：季文子任鲁宣公、成公的国相，但家中没有穿丝绸衣服的妾，厩中没有喂粮食的马。孟献子之子子服它，见到季文子出入常穿布衣，坐的马车也十分寒酸，就耻笑季文子道：“大人做宰相这么多年了，出入连件像样的绸缎衣服也没有。还不许用粮食喂马，只让马吃草，把马养得瘦骨嶙峋的。大人每天坐着这样的瘦马拉的破车，难道不怕别人笑话大人过于小气吗？再者，大人处处这么寒酸，要是让别的国家的人知道了，说不定还会以为我们鲁国很穷呢！”季文子说：“我也希望妾穿丝绸，马吃粮食。然而，我看到老百姓，他们的父兄吃得粗穿得差的还很多，我因此不敢那样做。别人的父兄吃得粗穿得差，而我却给妾和马那么好的待遇，恐怕这不是国相该做的事！况且我听说可用德行荣誉给国家增添光彩的，没有听说能用妾和马来给国家增添光彩的。”后来，孟献子知道了这件事，狠狠地批评了儿子一顿，并让他闭门思过。子服它静下心来，反复思考季文子的话，终于明白了自己的错误所在。后来，他不但不再嘲讽季文子的节俭，自己也逐渐改掉了爱讲排场的毛病。

当然，节俭本身是一种美德，但过度节俭可能也会导致生活简陋、思想狭隘，甚至会走向吝啬和保守。因此在奢侈与节俭之间找到一个适度的平衡点是非常重要的，这正是孔子主张的“中庸之道”。在现代社会中，平衡奢侈与节俭以达到孔子所提倡的和谐、平衡状态，需要不偏不倚，遵道循礼，树立正确的价值导向，注重内心的平和与谦恭，避免出现过度依赖物质、追求物欲或苛求他人的行为。

拓展阅读

孔子向来提倡节俭，首先，在实际生活中，孔子践行节俭的原则，《论语·子罕》中讲：“麻冕，礼也。今也纯，俭，吾从众。”其次，孔子认为在礼仪方面也要注重俭朴节约，在《论语·八佾》中孔子批评季氏僭越使用天子规格的“八佾”时说：“八佾舞于庭，是可忍也，孰不可忍也？”他还强调指出：“礼，与其奢也，宁俭；丧，与其易也，宁戚。”最后，孔子认为治理国家时也要培养节俭之风，《论语·学而》中即言：“道千乘之国，敬事而信，节用而爱人，使民以时。”

俭，德之共[1]也；侈，恶之大也。

出处

《左传·庄公二十四年》

注释

① 共（hóng）：通“洪”，大。

译文

节俭，是善行中的大德；奢侈，是邪恶中的大恶。

解读

“俭，德之共也；侈，恶之大也”，部分学者将“共”读作“gòng”或“gōng”，释为“同”“相同”之义。实际上，后文还有“先君有共德”一语，“共德”指的是广泛、宏大的德行。著名语言学家、古籍整理专家杨伯峻指出，“共”应读作“hóng”，有时与“洪”混用，意为“大”。这一格言强调了俭朴、节制的生活方式对于维护德行的基础作用。

这一格言，是鲁国掌管工匠的大夫御孙劝阻鲁庄公不要雕镂先君鲁桓公庙宫椽子的话。当时，鲁庄公奢侈浪费，庄公二十四年春天，鲁国对桓公庙宫的桷（jué）即椽子进行了雕刻装饰，这一行为被认为是不合礼制的。于是御孙直言相劝：“臣闻之，俭，德之共也；侈，恶之大也。先君有共德而君纳诸大恶，无乃不可乎！”御孙指出先君鲁桓公有节俭的美德，而鲁庄公现在却将其引入了奢侈的恶行，这是不妥当的。崇尚节俭，反对奢侈，是中华民族自古提倡的。我国历史上众多有识之士在生活上都十分俭朴，也非常重视对后代的俭朴教育。这种言传身教之精神，成为后人正身教子的基本内容。这句自古流传下来的宝贵格言，对今天塑造淳朴民风、弘扬文明新风具有现实教育意义。

在中华优秀传统文化中，节俭常被视为一种社会责任和文明传承，强调资源的合理利用和环境保护，对于国家和个人都有深远的影响。现代新节俭主义强调以理性务实的态度面对人生，合理分析物价等生活成本，通过合理规划和一些社会便利设施的运用，实现省钱而不牺牲舒适的目标。这种态度不仅有助于个人生活质量的提升，也有助于社会的整体进步。

拓展阅读

关于“俭，德之共也”之“共”解释为“同”之义，由司马光《训俭示康》一文可见一斑。其中说：“御孙曰：‘俭，德之共也；侈，恶之大也。’共，同也；言有德者皆由俭来也。”司马光所解释的“共”，就是“同”的意思，即是说有德行的人都是从节俭开始做起的。之后，司马光还阐述了节俭的具体原因：“夫俭则寡欲，君子寡欲，则不役于物，可以直道而行；小人寡欲，则能谨身节用，远罪丰家。故曰：‘俭，德之共也。’”也就是说，节俭就会少贪欲，君子少贪欲就不被外物役使，可以走正直的路；小人如果少贪欲就能约束自己，避免犯罪，使家室富裕。这里，强调了倡俭戒奢的社会伦理导向，对于人与社会和谐健康发展具有一定启发意义。

贫家而学❶富家之衣食多用，则速亡❷必矣。

出处

《墨子·贵义》

注释

❶ 学：效法，模仿。

❷ 亡：灭亡。

译文

贫穷人家学富有人家那样的吃穿用度，吃好的，穿好的，那用不了多久这个人家就会灭亡。

解读

《墨子·贵义》中说："卫，小国也，处于齐、晋之间，犹贫家之处于富家之间也。贫家而学富家之衣食多用，则速亡必矣。"这是墨子对卫国大夫公良桓子说的话，他以卫国处于齐、晋之间比类穷家处于富家之间，而穷家如果学富家那样花费就会很快破败，因此言外之意是告诫公良桓子要节俭，减少日常生活奢侈用度，要把钱财节省积聚起来养活士人。这样，一旦遭受祸患，就可以让士人来守卫安全了。这虽然是墨子的政治思想，但也在一般意义上凸显了节俭和适度的重要性。

宋朝的皇帝大都比较崇尚节俭，唯宋徽宗反其道而行之。他大量兴建宫殿，搜罗天下奇石建造皇家园林垦岳，耗费巨资收集天下奇珍异兽。由于玉器餐具极为昂贵，在他之前的宋朝君主一般并不使用，但是宋徽宗却对其爱不释手，热衷于奢侈无度的生活体验。为了满足宋徽宗的私欲，朝廷大兴土木，劳民伤财，最终激发民变。此外，宋徽宗还宠信奸臣，纵容官场贿赂。1127年，都城汴京陷落，北宋灭亡。《宋史·徽宗本纪》记载："宋不立徽宗，不纳张觉，金虽强，何衅以伐宋哉！"

"贫家而学富家之衣食多用，则速亡必矣"启示我们：消费是满足需求的一种手段，而不是为了追求短暂的虚荣，消费本身不是目的。要始终坚持适度原则，通过成本核算和规避消费主义陷阱，更好地管理自己的消费行为。同时，更要重新审视我们的生活方式，关注内心需要的满足，培养积极的生活态度，寻求心灵的安适，促进个体精神的富裕。

拓展阅读

墨家历来重视节俭。墨子一生节俭，在生活上奉行“以自苦为极”，在政治思想上提出了“节葬”“非乐”等主张。关于节俭，墨子从多个方面进行强调：一是固本节用。鼓励农民要早出暮入，尽心于耕稼树艺等农事。此外，提倡节省开支，墨子提出“去无用之费”的主张，即减少不必要的开支，以增加国家财富，减轻人民负担。二是适度消费。他强调衣食住行的用度要以人的实际需要为限，提倡“量腹而食，度身而衣”。

强本❶而节用，则天不能贫。

出处

《荀子·天论》

注释

❶ 本：国家的根本，这里指农业生产。

译文

如果能够加强农业生产，厉行节约，就算是上天也不能使人贫困。

解读 《荀子·天论》中说："强本而节用，则天不能贫；养备而动时，则天不能病；修道而不贰，则天不能祸。" 这里，"强本" 指 "肥田" "无夺农时"，以发展农业生产；"节用" 是提倡 "恭俭" "善臧其余"，在消费上厉行节约；"养备" 是强调 "保养" "积蓄"，在衣食上给养齐备。接着，《荀子·天论》又从反面强调："本荒而用侈，则天不能使之富；养略而动罕，则天不能使之全；倍道而妄行，则天不能使之吉。" "强本而节用" 和 "本荒而用侈"，这一正一反，所表达的核心思想就是务须通过加强农业生产和厉行节约，以实现国家的富强和人民的富裕。

唐玄宗在位前期，注重发展农业，组织修建了很多农田水利设施，把各地的荒田交给无家可归的人耕种，并且给予一定的赋税优惠，以鼓励他们耕作；增加唐朝边境的军事力量，采取屯田制，兵卒们平时从事农耕，遇到战事则迅速披甲上阵。这些激励措施，使得耕者有其田，百姓安居乐业。此外，他还注意 "戒奢从简"，下令全国地方均不得开采珠玉和织造锦绣，规定三品以下的大臣，以及后宫 "妃" 以下品级的女子不得佩戴金玉制作的饰物，同时大量遣散宫女，节省了大量开支。总之，开元年间，国库充裕，粮仓充实，人民安居乐业，称之为 "开元盛世"。但是，唐玄宗晚年怠政昏庸、沉溺酒色，于是，腐败享乐、贪赃枉法的思想观念在全国蔓延开来，使得朝政败坏，唐朝元气大伤，过去的盛世成为泡影，最终导致了安史之乱的爆发，民不聊生。他在位时期唐朝由盛转衰的历史事实，正是《荀子·天论》中“强本而节用”和“本荒而用侈”的生动展现。

在当代社会，我们常说的“强本节用”中的“本”已不仅指代农业生产，其已经被引申为个体的能力，包括工作、赚钱能力等，意思是每一个要成长发展的个体，都要先考虑不断地“强本”，让自己的实力得到提升，同时还要节用，减少不必要的支出，就算是发生天灾人祸，也能坚强平安地度过。

拓展阅读

2007年1月12日，时任浙江省委书记的习近平在《浙江日报》“之江新语”专栏发表的一篇名为《强本还须节用》的政治短评，便引用了荀子的“强本而节用，则天不能贫”一语，并进行了解释：“中华民族历来讲求勤俭持家，勤俭办一切事情。古人云：‘强本而节用，则天不能贫。’意思是说，在广开财路的基础上，如果节用节流，那么日子会越过越好。”同时，在这篇短评中，他还提到：“我们在‘强本’上取得了明显的成效。但也要清醒地认识到，‘本’不仅在于我们所创造的财富，也在于自然界赋予我们的财富，这样的‘本’不是我们所能创造的。”这一思想在当代生态文明建设中得到了系统落实。

侈而惰者贫，
而[1]力而俭者富。

出处

《韩非子·显学》

注释

❶ 而：但是，然而。

译文

奢侈又懒惰的人就会贫穷，但勤劳又节俭的人则会富足。

解读 《韩非子·显学》中说："侈而惰者贫，而力而俭者富。今上征敛于富人以布施于贫家，是夺力俭而与侈惰也，而欲索民之疾作而节用，不可得也。"这里，韩非子认为，一个人如果奢侈且懒惰，即使能够暂时拥有财富，也会因为过度消费和缺乏努力而耗尽这些财富，只有勤俭的人才会长久富足。所以，如果君主向富裕的人征收财物来施舍给贫穷人家，这就是夺去了勤劳节俭者的财物给了奢侈懒惰的人，这样做还想要求民众努力耕种而节俭用度，那就是不可能的了。这句话告诉我们，既要倡导勤俭节约，又要保护因勤俭节约而致富的人。《管子·形势解》中亦有一言与之相似："人惰而侈则贫，力而俭则富。"

韩非子，是先秦法家思想的集大成者，他的思想不但继承和发展了申不害、慎到、商鞅等人的思想，而且广泛吸取了儒、道、墨等学派的思想成果。韩非子强调节俭，反对奢侈浪费。他认为，生活奢靡会造成对身体等方面的危害，《韩非子·扬权》中就说："夫香美脆味，厚酒肥肉，甘口而病形。"他进一步强调，统治者贪图享受会带来"养殃"，即国家的衰败和人民的贫困。因此，《韩非子·解老》中主张圣人不追求五色、淫乐，"明君贱玩好而去淫丽"，反对统治阶级骄奢淫逸。正因如此，传统社会的许多统治者都是勤俭治国的典范。南宋第二位皇帝孝宗赵昚就很节俭，宋高宗曾称赞其"勤俭过于古帝王”。宋孝宗继位后，专心朝政，日常生活的花费很少，自己常穿旧衣服。宫中的收入多年没有动用，就连国库中穿铜钱的绳子都腐烂了，后人誉为“南渡诸帝之称首”。宋孝宗在位期间，政治清明、社会稳定、经济繁荣、文化昌盛，宋朝相对进入一个兴盛时期，史称“乾淳之治”。

勤俭则富，奢侈必败，这是先哲留给我们的宝贵经验。从历史角度来看，先哲们大都提倡节俭，认为节俭能使人养成刻苦自励的精神，并能培养良好的家风。自新中国成立至今，艰苦奋斗和勤俭节约一直是国家倡导的基本价值观念。在勤俭节约中，我们可以找到修身的准则、兴家的妙方和治国的宝典。

拓展阅读

“养殃”一词出自《韩非子·八奸》：“何谓养殃？曰人主乐美宫室台池，好饰子女狗马以娱其心，此人主之殃也。为人臣者尽民力以美宫室台池，重赋敛以饰子女狗马，以娱其主而乱其心，从其所欲，而树私利其间，此谓‘养殃’。”也就是说，君主喜欢建造华美的宫室、池塘，装饰子女和狗马以获得精神娱乐，而为人臣子，为取悦迎合君主，甚至满足自己的私利，竭力去做君主所喜欢的这些事情，这就是所谓的“养殃”。如今，“养殃”一词虽不常见，但其基本含义仍然适用，它提醒人们在做事时不要一味迎合取悦，而要避免助长祸殃，保持谨慎和节制。

夫[1]君子之行[2]，静以[3]修身，俭以养德。

出处

三国·诸葛亮《诫子书》

注释

❶ 夫：助词，用于句首，表示发端。
❷ 行：操守，品行。
❸ 以：连词，表示后者是前者的目的。

译文

君子的行为操守，依靠内心的宁静来修炼自身，通过生活的节俭来涵养德行。

解读 诸葛亮《诫子书》中说："夫君子之行，静以修身，俭以养德。非淡泊无以明志，非宁静无以致远。"这里，旨在强调恬静以修善自身，俭朴以淳养品德，反之，不恬静寡欲则无法明确志向，不排除外来干扰则无法达到远大目标。《三国志·蜀书·诸葛亮传》中载"其年八月，亮疾病，卒于军，时年五十四"，"其年"，即蜀汉建兴十二年（234）。《诫子书》正是在建兴十二年诸葛亮晚年写给年仅八岁的儿子诸葛瞻的一封不足百字的家书。

诸葛亮认为，一个真正的君子，应当通过节俭的生活方式来修炼自己的身心，从而实现精神上的升华。他深知，过度的物质追求会消磨人的意志，使人陷入浮躁与虚荣之中，唯有节俭，才能让人保持清醒的头脑，专注于更高层次的精神追求。诸葛亮年轻时，曾经隐居山林，通过冥想、读书和劳动来修炼自己的品德和智慧。他生活俭朴，衣食住行都很简单。即使后来成为蜀汉丞相，他也依然保持节俭的生活习惯，不追求奢华和享受。诸葛亮去世后，家中几乎无余财。据《三国志·蜀书·诸葛亮传》记载，诸葛亮于逝世前，曾向后主刘禅上表托付后事。他在这份遗表里着重报告了自己家中财产的详细情况："成都有桑八百株，薄田十五顷，子弟衣食，自有余饶。至于臣在外任，无别调度，随身衣食，悉仰于官，不别治生，以长尺寸。若臣死之日，不使内有余帛，外有赢财，以负陛下。”这不仅是诸葛亮的一份家庭财产收入报表，也是他一生节俭廉洁的真实写照。“静以修身，俭以养德”正是他对后代的谆谆教诲。

“夫君子之行，静以修身，俭以养德”启示我们：节俭朴素之人，摆脱了心为物役的束缚，节制有度，知足常乐；能够自觉珍惜劳动成果，摒弃虚荣攀比的思想，不等不靠，勤俭自强。勤俭节约是个人品德作风的写照，也折射出一个政党、一个民族的精神文明追求。党的十八大以来，中央八项规定扎紧“厉行勤俭节约”的制度篱笆，以踏石留印、抓铁有痕的劲头治理铺张浪费现象，取得显著成效，节约资源理念深入人心。

拓展阅读

《诫子书》是一封充满智慧的家信，也是古代家训中的名作，成为古代修身立志的名篇。文章阐述了修身养性、治学做人的深刻道理，可以看作是诸葛亮对其一生的总结。诸葛亮对孩子疼爱万分，但又清醒地认识到儿子未经世事磨砺，终究难成大器。他劝勉儿子要从淡泊宁静中下功夫，勤学立志，修身养性。文章概括了做人治学的经验，着重围绕一个“静”字加以论述，同时把失败归结为一个“躁”字，一正一反警示我们，要不断加强道德修养，时刻反省自己。在诸葛亮的言传身教下，诸葛瞻亦成为蜀汉后期重臣，一生鞠躬尽瘁，最终兵败殉国。

夫尚俭者开[1]福之源，好奢者起贫之兆[2]。

出处

《魏书·李彪传》

注释

[1] 开：开启，奠定。

[2] 兆：事物发生前的征候或迹象。

译文

勤俭可以奠定幸福的基础，奢侈则可能成为滑向贫困的预兆。

解读

《李彪传》出自二十四史之一的《魏书》。李彪是北魏孝文帝时期的大臣，当其时，社会上层奢侈之风盛行，人们普遍追求奢华的生活方式，社会风气浮华。李彪针对这一现象，上书朝廷，写道："夫尚俭者开福之源，好奢者起贫之兆。然则俭约易以教行，华靡难以财满，是以圣人留意焉，贤人希准焉。"这里，强调了勤俭节约才是人生幸福之道。李彪还引用了"夏禹卑宫室而恶衣服，殷汤寝黄屋而乘辂舆""孔子为鲁司寇，乘柴车而驾驽马；晏婴为齐正卿，冠濯冠而衣故裘"等多个历史典故进行佐证，提出了多项建议以改善社会风气，取得了一定成效。

刘恒，汉高祖刘邦第四子。刘恒即位后，是为汉文帝。汉文帝一生节俭，按《史记·孝文本纪》记载，"孝文帝从代来，即位二十三年，宫室苑囿狗马服御无所增益"，即汉文帝在位二十三年，宫室、苑囿、车骑、服御从没有增加过。北宋文学家吴垧在《五总志》上有这样的记载：汉文帝刘恒"履不藉以视朝"。履就是草鞋，即汉文帝穿着贫民常穿的草鞋上朝处理政务。不仅如此，汉文帝还大力压缩皇室的开支，不仅自己穿粗丝衣服，还要求后宫嫔妃也穿朴素服饰，汉文帝穿的龙袍叫"绨衣"，绨在当时就是一种很粗糙的色彩暗淡的丝绸，汉文帝也一穿多年，破了就让皇后给他补一补再穿。他临终还立下遗诏，丧事从简，丧期缩短，丧仪宫廷内外有别。汉文帝以

勤俭治国、仁爱亲民著称，其子汉景帝继承汉文帝的节俭之风，父子二人开创了“文景之治”。司马迁在《史记·孝文本纪》结语时赞曰：“汉兴，至孝文四十有余载，德至盛也。廪廪乡改正服封禅矣，谦让未成于今。呜呼，岂不仁哉！”

作为社会新一代青少年群体，引领勤俭社会新风尚是我们的责任，虽然不能做出举世瞩目的大事，但是把身边细致入微的小事做好也是一番贡献：践行“光盘行动”、适度消费、低碳出行等都是我们可以做到的，让我们带领勤俭之风穿过每一条大街小巷！

拓展阅读

2013年1月22日，习近平总书记在十八届中央纪委二次全会上的讲话中指出：“要坚持勤俭办一切事业，坚决反对讲排场比阔气，坚决抵制享乐主义和奢靡之风。”2019年4月28日，国家主席习近平在中国北京世界园艺博览会开幕式上的讲话中也指出：“‘取之有度，用之有节’，是生态文明的真谛。我们要倡导简约适度、绿色低碳的生活方式，拒绝奢华和浪费，形成文明健康的生活风尚。”如今，简约适度、绿色低碳的生活方式正在全社会逐步形成。

如能施[1]而不奢，俭而不吝[2]，可矣。

出处

北齐·颜之推《颜氏家训·治家》

注释

1 施：施舍。

2 吝：吝啬。

译文

如果能做到肯施舍且不奢侈，能节俭且不吝啬，那就可以了。

解读

《颜氏家训·治家》中说："俭者，省约为礼之谓也；吝者，穷急不恤之谓也。今有施则奢，俭则吝；如能施而不奢，俭而不吝，可矣。"这里，节俭是指合乎礼制的节省，吝啬是指对穷困急难的人也不加救助。现在舍得施舍的人就奢侈无度，节俭的人又吝啬小气，假如能施舍于他人而自己又不奢侈，能做到勤俭节约而自己又不吝啬，那就是恰到好处了。其核心思想是强调在日常生活和待人接物中要平衡施舍和奢侈、节俭和吝啬以及奢侈和节俭之间的关系，把握合适的度，做到既不奢侈浪费，也不过于吝啬，这才是一种理想的生活态度和价值理念。

颜之推，生活年代在南北朝至隋朝期间，当时社会奢侈成风，士大夫阶层普遍追求奢靡的生活。在《颜氏家训·涉务》中，颜之推描写道："梁世士大夫，皆尚褒衣博带，大冠高履，出则车舆，入则扶侍，郊郭之内，无乘马者。"穿戴奢侈，外出就乘车代步，回到家就有童仆服侍，可见，梁朝的士大夫生活腐朽奢靡到了何等程度。在这种背景下，颜之推在治家原则中继承了儒家的尚俭思想，强调"施而不奢，俭而不吝"，是难能可贵的。

"如能施而不奢，俭而不吝，可矣"启示我们：做人做事既要有施舍奉献之心，又不能使之滑向奢侈浪费；既要有恭俭节约之心，又不能滑向吝啬抠门。因此，在奢与俭之间遵循适度原则，做到不偏不倚、从容中道，十分重要。此外，在具体实践中，要根据自身的经济能力合理规划开支，做到“富家有富家计，贫家有贫家计”，在满足基本生活需要的基础上，鼓励“日常有余”，以备不时之需。

拓展阅读

《颜氏家训》是由南北朝时期的著名思想家、教育家颜之推所著的一部关于家庭教育的经典著作。该书成书于隋初，共七卷二十篇，内容涵盖了家庭教育的各个方面，包括教子、兄弟、后娶、治家、风操、慕贤、勉学、文章、名实、涉务、省事、止足、诫兵、养生、归心、书证、音辞、杂艺、终制等主题。颜之推通过这部作品总结了自己在立身、治家、处事、为学等方面的经验，并以此告诫子孙。《颜氏家训》是中国历史上第一部内容丰富、体系宏大的家训著作，被誉为“古今家训之祖”，开创了后世家训的先河，成为后世家训的典范。

历览❶前贤国与家，成由❷勤俭破由奢。

出处

唐·李商隐《咏史二首》（其二）

注释

❶ 历览：纵观，遍览。

❷ 由：源于，因为。

译文

纵览历史，凡是贤明的国家，成功源于勤俭，衰败起于奢华。

解读 这句格言是唐代诗人李商隐所作《咏史二首》（其二）的首联，全诗为："历览前贤国与家，成由勤俭破由奢。何须琥珀方为枕，岂得真珠始是车。运去不逢青海马，力穷难拔蜀山蛇。几人曾预南薰曲，终古苍梧哭翠华。"这里，首联是从总结历朝历代统治经验出发，得出成功大都由于勤俭、破败大都因为奢侈的经验教训。颔联和颈联引用两个历史典故，对首联的观点进行具体印证，尾联承上而下，由理而情，由情造境。尽管李商隐受时代的局限，还只能将国家兴亡的命脉系于帝王，但在他的诗中，大都是指责和揭示君王奢侈糜烂、败乱国家的行为，因此具有深刻的意义。

商纣王，原名帝辛，是商朝最后一位君主。他在位期间，实施了一系列暴政措施，包括大兴土木、加重赋税、推行炮烙之法等。据《史记·殷本纪》记载，他花了大量钱财人力兴建了一座名为鹿台的高台，又建了许多华丽的宫室，收集许多骏马和美女，甚至"以酒为池，县肉为林，使男女倮相逐其间，为长夜之饮"……纣王的糜烂荒淫、奢侈无道，激起了人民的反抗，最终在牧野之战中被周武王所率诸侯联军击败，身死国灭。后世"酒池肉林"的成语便出自此历史典故，用来比喻生活极端奢侈纵欲，毫无节制。

古往今来，许多为政者都把俭朴生活、廉洁从政作为毕生追求。实际上，俭和廉相辅相成，俭则清心寡欲，不生非分之想，为人则能脚踏实地；廉则守正不挠，不为名利所累，做事则能行稳致远。对个人来说，节欲戒奢，有利于提升品德修为，保持奋发向上的干事劲头，实现自身价值；对家庭来说，勤俭自持，精打细算，才能丰衣足食、家业永续。

拓展阅读

党的十八大以来，习近平总书记一直提倡艰苦奋斗、勤俭节约的作风，坚决反对铺张浪费的行为，在全社会营造起了节约光荣、浪费可耻的浓厚氛围。事实上，艰苦奋斗、勤俭节约是中华民族的传统美德，也是我们党的优良作风。2021 年 3 月 1 日，他在中共中央党校（国家行政学院）中青年干部培训班开班式上的讲话中指出："节俭朴素，力戒奢靡，是我们党的传家宝。"习近平总书记关于勤俭节约的重要论述，深刻阐明了勤俭节约的时代价值和现实意义，系统阐述了弘扬勤俭节约精神的目标任务和基本要求，为我们在新时代大力弘扬勤俭节约精神提供了思想指引和行动指南。

顾[1]人之常情，由俭入奢易，由奢入俭难。

出处

北宋·司马光《训俭示康》

注释

1 顾：考虑，顾及。

译文

人之常情是，由注重节俭到过奢侈的生活很容易，过惯了奢侈的生活再去过节俭的生活就困难了。

解读 这句格言出自宋代司马光撰写的《训俭示康》。当时，社会风俗奢侈腐化，人们竞相讲排场、比阔气，司马光说："古人以俭为美德，今人乃以俭相诟病"，"故不随俗靡者，盖鲜矣"。为避免子孙后代蒙受不良社会风气侵蚀，司马光特意为儿子司马康撰写了《训俭示康》，在结尾时他说："汝非徒身当服行，当以训汝子孙，使知前辈之风俗云。"也就是说，你不仅自身应当节俭，还应当用它来教导你的子孙，使他们了解前辈的作风习俗，要把节俭当作优良家风传承下去。司马康不负所望，继承了廉洁、朴素的家风，一生诚信节俭，成为一个品行高洁的人。

"顾人之常情，由俭入奢易，由奢入俭难"一语，是《训俭示康》中宰相张文节回答亲近的人质疑他为什么身居高位却如此节俭的话。张文节，太宗端拱二年（989）进士，天圣三年（1025）拜相，历事三朝，所过皆有惠政，虽显贵，清约如寒士。据传，张文节担任宰相时，自己生活用度如同从前当河阳节度判官时一样，当时周围亲近的人都劝张文节不必如此节俭，可以适当跟从多数官员的习惯。张文节并不赞同，说："吾今日之俸，虽举家锦衣玉食，何患不能？顾人之常情，由俭入奢易，由奢入俭难。吾今日之俸岂能常有？身岂能常存？一旦异于今日，家人习奢已久，不能顿俭，必致失所。"可见，张文节有很强的居安思危意识，认为高官厚禄只是一时的，若是日后罢官赋闲，家中的亲属习惯了奢侈的生活，不能立刻节俭，那么到时候一定很难生存。因此张文节坚持节俭作风，司马光感叹其为“大贤之深谋远虑”。

这句格言流传甚广，在明代周怡的诗词《勉谕儿辈》中，便摘引了“由俭入奢易，由奢入俭难”一语作为起始句。事实上，奢侈习惯一旦养成，很难改变，而且人们的虚荣心也会促使他们继续奢侈下去。这启示我们面对诱惑时要保持理性，制定合理的消费计划，避免盲目跟风和攀比。

拓展阅读

《勉谕儿辈》是由明朝周怡所作家训，主要强调了节俭的观念，全文为：“由俭入奢易，由奢入俭难。饮食衣服，若思得之艰难，不敢轻易费用。酒肉一餐，可办粗饭几日；纱绢一匹，可办粗衣几件。不馋不寒足矣，何必图好吃好着？常将有日思无日，莫待无时思有时，则子子孙孙常享温饱矣。”在当代家庭教育中，父母也应该借鉴《勉谕儿辈》的教育理念，以身作则，关注孩子的习惯养成和品德教育，引导他们树立正确的价值观念。

夫❶俭者，守家第一法❷也。

出处

南宋·叶梦得《石林治生家训要略》

注释

❶ 夫：助词，用在句首或句尾，无特殊含义。

❷ 法：法则，方法。

译文

节俭是维持家庭稳定与繁荣的第一法则。

解读

在《石林治生家训要略》中，关于治生（经营家业）之道，叶梦得提出了“四个要”，其中第二条就是“要俭”。他写道：“夫俭者，守家第一法也。故凡日用奉养，一以节省为本，不可过多。宁使家有赢余，毋使仓有告匮。”这里，强调了节俭在家庭管理中的核心地位，经营家业不一定要忙忙碌碌竞相追逐，胡乱听从别人的说法，更不能为谋取私利而做损害他人利益的事情，只有节俭，才是守家治家的第一法门。因此，日常用度要以节省为本，宁可使家中多有盈余，也不要使粮仓有匮乏的时候。而且行为奢侈的人，其精神气度都会有所消耗，甚至会“欲念炽而意气自满，贫穷至而廉耻不顾”，可见节俭的重要性。

苏轼，字子瞻，号东坡居士，北宋著名文学家、书法家，“唐宋八大家”之一。苏轼二十一岁时就考中了进士，前后做了四十年的官，其间一直勤俭节约、精打细算。元丰三年（1080），苏轼被贬到黄州，由于俸禄减少，生活非常艰辛，后来在朋友的帮助下，苏轼在黄州一块山脚下耕种谋生，日子渐有起色。为了节省开支，他想到一个办法：将所有的钱统一进行计算，按月平均分成十二份，每份继续平均分为三十小份，用作每日的开支。按份计算包好后，将钱悬挂在房梁上，每日清晨取下一包用作全天的生活开支。不仅如此，他还仔细权衡，不需要的物品坚决不买，只准剩余，不准超支。这样积攒下来的钱，苏轼就放在竹筒里以备不时之需。

节俭作为中华民族的传统美德，非常强调自我约束和简约生活。这一美德不仅关乎物质层面的资源节约，也涉及精神层面的欲望节制。长期坚持节俭的生活态度和消费习惯，能够培养平和、淡然、宽容的心态，控制欲望的无限扩张，在不断内省中减少焦虑和戒除贪婪。

拓展阅读

叶梦得，字少蕴，号石林居士，南宋文学家。他学问精深，尤工诗词，著有《石林燕语》《石林诗话》等。其中，《石林治生家训要略》是叶梦得的著名家训，旨在向家人进行谋生教育。该书主要就治生的重要意义、方法等做了具体阐述，共十四条，篇幅不长却意义深远。关于治生的具体方法，叶梦得提出了四个“要”：要勤、要俭、要耐久、要和气，即勤奋、节俭、稳重踏实和待人亲和，其中，他特别强调节俭的重要性，认为这是守家的第一法门。

富贵本无根❶，尽从勤里得。

出处

明·冯梦龙《醒世恒言》

注释

❶ 无根：没有依据。

译文

富与贵，本来就没有固定的本根来由，全都是人们在辛苦勤劳中得到的。

解读 这则格言出自《醒世恒言》第三十五卷《徐老仆义愤成家》，原文为："富贵本无根，尽从勤里得。请观懒惰者，面带饥寒色。"这里，从"本无根"的前提出发，对勤劳与懒惰的结果进行对比，揭示了勤则富贵、懒则饥寒的因果关系，旨在劝勉人们勤劳上进，只有不断奋斗，努力朝目标迈进，才会最终走向幸福。

"富贵本无根"告诉我们，每个人富与贵的得来，并非是由宿命、等级、出身、运气等决定的，凸显了众人平等的思想。《史记·陈涉世家》记载，秦朝末年，秦国暴政致使民不聊生、社会矛盾激化，陈胜、吴广等人在大泽乡起义，号召天下反抗秦朝的统治。当然，起义以失败而告终，但他们喊出的"王侯将相宁有种乎"的口号却十分振聋发聩，它鼓舞着一代又一代人反抗压迫、追求平等。宋朝汪洙所作《神童诗》中有"朝为田舍郎，暮登天子堂。将相本无种，男儿当自强"一语，后两句明显就是对"王侯将相宁有种乎"的引申，王侯将相本非天生，想有作为唯有靠自己奋发图强。而勤劳，历来被视为实现富贵梦想的不二法门。

纵览历史，古往今来凡有作为者，皆为辛勤耕耘的代表。王羲之勤于练习书法，终成一代"书圣"；景海鹏勇于挑战自我，书写"四度飞天"传奇……为者常成，行者常至。幸福是奋斗出来的，新时代新征程上，青少年既面临着前所未有的机遇，也面临着无数的艰险与挑战。百舸争流，奋楫者先。时间不会辜负每一个实干者、奋斗者，勤劳奋发，笃行不怠，让实干之花在自己的人生历程中绚丽绽放。

拓展阅读

奋斗，是习近平总书记彰显初心、勉励人民的关键词。2017 年 12 月 31 日，他发表新年贺词，一句“幸福都是奋斗出来的”，通过电视、网络传遍神州大地，引发亿万同胞共鸣。2018 年 2 月 14 日，在 2018 年春节团拜会上的讲话中，他又强调：“奋斗本身就是一种幸福。只有奋斗的人生才称得上幸福的人生”；“奋斗者是精神最为富足的人，也是最懂得幸福、最享受幸福的人”；“新时代是奋斗者的时代”……这些金句充满力量，激励着无数人风雨兼程、砥砺前行。

一粥一饭，当思来处不易。半丝半缕，恒[1]念物力维艰[2]。

出处

清·朱用纯《朱子治家格言》

注释

[1] 恒：常常，经常。

[2] 维艰：艰难。

译文

即使是一顿粥、一餐饭，也应当想到它来得不容易；即使是半根丝、半缕线，也要想到生产这些物资的劳作的艰辛。

解读

《朱子治家格言》，又名《朱柏庐治家格言》，简称《治家格言》《朱子家训》。其中，朱用纯讲道："一粥一饭，当思来处不易；半丝半缕，恒念物力维艰。宜未雨而绸缪，毋临渴而掘井。自奉必须俭约，宴客切勿流连。"这里，强调了勤俭和珍惜的重要性，同时也提到，做事要防患于未然，宴请宾客也要节制有度。旨在劝诫人们讲求节约，突出了既要尊重他人的劳动，又要深知勤俭持家都在细微处。

陶侃，字士行，东晋时期名将，在官期间，一直保持着勤俭节约、正直廉洁的美德。相传，陶侃有一次到郊外巡游，看到一个人手里拿着一束还没有成熟的麦穗。陶侃走过去问："你拿这些没长成的麦子干什么？"那人满不在乎地说："我走在路上看见的，随便取来玩玩罢了。"陶侃大怒，呵斥道："你自己不耕种，还任意毁坏别人的庄稼！"说着，让手下人把那个人痛打了一顿。当地老百姓得知此事，从此更加努力耕作。在陶侃的治理下，荆州地区粮食连年丰收，百姓家家丰衣足食。这则陶侃惜谷的故事被记载在《资治通鉴》中。此外，每次建造工事用到竹子，陶侃还会命人将剩余的竹头收集起来。恰逢东晋大将桓温率兵伐蜀，发现缺少装船用的竹钉，于是人们将陶侃先前保存下来的竹头全都做成了竹钉，不仅解了燃眉之急，还节省了一大笔原料费。陶侃的这种节俭意识，为后人所尊崇。

粒米虽小，照见文明修养；节约事微，可助兴家兴国。习近平总书记始终高度重视节约粮食，并多次做出重要批示，强调要制止餐饮浪费行为。2020 年 8 月，他对制止餐饮浪费行为做出重要指示，指出："餐饮浪费现象，触目惊心、令人痛心！'谁知盘中餐，粒粒皆辛苦。'尽管我国粮食生产连年丰收，对粮食安全还是始终要有危机意识。"2022 年 3 月，他在看望参加全国政协十三届五次会议的农业界、社会福利和社会保障界委员，并参加联组会时也强调："制止餐饮浪费是一项长期任务，要坚持不懈抓下去，推动建设节约型社会。"

拓展阅读

《朱子家训》有两种：一是南宋朱熹所作《朱子家训》，二是明末清初朱用纯所作《朱子治家格言》。朱熹《朱子家训》也称《朱文公家训》，全篇三百一十七个字，强调了要正确处理个人与家庭、社会、国家的关系，体现了理学所倡导的修身、齐家、治国、平天下的家国一体思想。朱用纯的《朱子治家格言》，全篇五百二十四个字，阐明了修身治家之道，包括居身务期质朴、教子要有义方、勤俭持家、邻里和睦等，也是一篇家训名作。

家俭则兴，人勤则健[1]；能[2]勤能俭，永不贫贱。

出处

清·曾国藩《曾国藩家书》

注释

① 健：强壮，健康。
② 能：能够，可以。

译文

家族保持俭朴的传统就能兴旺，人保持勤劳就能够健康；家族能够勤劳俭朴，那么生活就永远不会贫贱。

解读 这句格言是曾国藩留下的十六字箴言家风，强调了节俭与勤奋的重要性。其中，“家俭则兴”道出了家庭兴旺发达的不二法门，家庭的繁荣源于节俭的生活态度和良好的家风。“人勤则健”强调了勤奋对于个人成长与健康的重要性，勤劳是保持身体健康的关键。“能勤能俭，永不贫贱”，这是对前两句箴言的升华与总结，旨在强调只有勤俭节约的精神代代相传，家族才能兴旺发达。在曾国藩的家教视域中，始终将勤、俭并称。他说“余近年默省之勤、俭、刚、明、忠、恕、谦、浑八德”，就是将勤、俭并排于八德之首。此外，他还说：“勤字功夫，第一贵早起，第二贵有恒。俭字功夫，第一莫着华丽衣服，第二莫多用仆婢雇工。”

曾国藩，晚清著名政治家、军事家。他的思想深邃广博，人格魅力亦深受世人钦佩。毛泽东在 1917 年 8 月 23 日致黎锦熙的信中说：“愚于近人，独服曾文正。”曾国藩一直要求家人生活俭朴，远离奢华。他在京城时，见到世家子弟一味奢侈腐化，挥霍无度，便不让子女来京居住。他的原配夫人一直带领子女住在乡下老家。曾国藩“以廉率属，以俭持家，誓不以军中一钱寄家用”，其夫人在家手无余钱，只能事事躬亲，下厨烧灶，纺纱织布。除了“俭”，曾国藩对子女的另一条要求是“勤”。作为晚清重臣，曾国藩日理万机，但他仍坚持为子女批改诗文，探讨学业和生活的种种问题。曾国藩还敦促家人每日坚持学习，甚至多次为全家拟定严格的学习计划，“吾家男子于看、读、写、作四字缺一不可，女子于衣、食、粗、细四字缺一不可”。

勤俭节约是一种生活方式，它能够使人们更加懂得珍惜生活，理性地思考生活的价值；勤俭节约也是一种国民素质，它能够激发人们的爱国热情和责任担当，引导人们树立正确的物质观念。人人能够勤俭节约，整个社会就会向着更加健康、和谐、美好的方向前进。

拓展阅读

曾国藩，晚清中兴名臣，《清史稿》评价他为“中兴以来，一人而已”，被誉为“千古第一完人”。曾国藩非常重视家庭教育，他一生写下许多封家书，内容涵盖经邦纬国、治学修身、居家日常等，具有极强的说服力和感召力。他的家书强调了培养个人品德的重要性，鼓励个人为社会奉献，子女均秉承了好学、勤奋、俭朴、孝悌的良好家风，曾氏门庭名人辈出，多有所成。

四　家风家教

爱子，教之以义方❶，弗纳于邪。

出处

《左传·隐公三年》

注释

❶ 义方：正确的礼仪规矩。

译文

爱护子女，就应该用正道去教导他们，不要让他们吸收邪恶的东西，走入歧途。

解读

《左传·隐公三年》记载："臣闻爱子，教之以义方，弗纳于邪。骄、奢、淫、泆，所自邪也。"这是卫国大夫石碏（què）眼见卫庄公溺爱其幼子州吁，纵容其不合律法礼制的行为时，劝诫卫庄公之语，强调了家庭教育的重要性，只有父母在家庭中以正确的规范教育引导孩子，才能培养出能力超群、品德高尚、有责任心的人。反之，则可能会使孩子走上邪路。

宋代邵博所著《邵氏闻见后录》卷二十一记载着一则司马光不敢说假话的故事："光年五六岁，弄青胡桃，女兄欲为脱其皮，不得。女兄去，一婢子以汤脱之。女兄复来，问脱胡桃皮者。光曰：'自脱也。'先公适见，诃之曰：'小子何得谩语。'光自是不敢谩语。"此事让司马光刻骨铭心。做一个诚实的人、不说谎，成为司马光从父亲那儿得到的重要教诲之一。司马光终生践行了"诚信"二字，这正是司马光的父亲司马池"教之以义方"的表现。而据《左传·隐公三年》记载，卫庄公并没有采取石碏的建议，依旧宠爱州吁，使州吁形成了娇纵蛮横、不受管束的性格。几年后，卫庄公去世，州吁跟继位者卫桓公发生矛盾，他杀死卫桓公，自立为君，引发卫国动乱。卫庄公失败的教育案例，正是无原则、无底线宠溺孩子造成的后果。正如《资治通鉴·晋纪十八》中说："爱之不以道，适所以害之也。"溺爱子女，不予其以正确的引导，会使孩子走上邪路。

“爱子，教之以义方，弗纳于邪”启示我们：家风家教是一个家庭最宝贵的财富，是留给子孙后代最好的遗产。家庭和睦、家教良好、家风端正，子女才能健康成长，社会才能健康发展。在家庭教育中，父母要时刻关注孩子的成长和教育，用正确的方式方法去教育引导孩子，注重培养子女的道德观念和责任感，向孩子传递正确的价值观念，让他们明白什么该做、什么不该做，帮助孩子养成良好的性格与品质，成长为有仁爱之心、有正直品质的人。

拓展阅读

2016 年 12 月 12 日，习近平总书记在会见第一届全国文明家庭代表时的讲话中引用了“爱子，教之以义方”这句格言，指出青少年是国家与家庭的未来和希望，家庭应该承担起教育后代的责任，以正确的言语教导孩子、以规范的行为培养孩子。2018 年 9 月 10 日，习近平总书记在全国教育大会上的讲话中也强调，“家庭是人生的第一所学校，家长是孩子的第一任老师”，正确且积极向上的家庭教育对青少年的成长成才至关重要，因此，父母要注重在家庭教育中潜移默化地为孩子塑造正确的世界观、人生观和价值观，培养青少年高尚的品德修养，帮助青少年形成良好的行为习惯。

一家仁，一国兴[1]仁；一家让，一国兴让[2]。

出处

《大学》

注释

❶ 兴：兴起，兴盛。

❷ 让：礼让。

译文

一家仁爱，一国也会兴起仁爱；
一家礼让，一国也会兴起礼让。

解读

《大学》中说："一家仁，一国兴仁；一家让，一国兴让；一人贪戾，一国作乱，其机如此。"这里，强调了家风对国风的深远影响，一家之仁让可以带动国家之仁让，一人之贪戾则可能引发国家之乱。家风是一个家庭的精神内核，良好的家风是一个家族真正的不动产。当然，按朱熹《大学章句》，这句话释"齐家治国"，因此，此处的"一家""一人"，应该主要指国家的执政者，后文还有"尧舜帅天下以仁，而民从之；桀纣帅天下以暴，而民从之"之语。从这个意义上讲，这句话也暗含了"上行下效"的道理。

纵观历史，那些传承久远的世家大族，往往是因为其所具有的清白做人、诗书传家、纯真质朴、拼搏进取等特质，通过家风、家教、家训的形式传承后世，使其具有了超越时空和地域的永恒价值。琅琊王氏，是我国古代最具代表性的世家大族之一。王氏家风醇厚绵长，尊礼重教，培养了王祥、王导、王羲之、王弘、王俭等名人，位居宰相、皇后、驸马和文人名士者不可胜数。以王羲之为例，他在自己五十九载人生历程中，一方面，恪守先祖遗训，遵奉儒家礼教，勤于治学，精于练字；另一方面，在治学从政的过程中，他利用各种场合，以儒家礼法教诲子弟，身体力行地影响家人，并劝导子嗣明经守礼，有所作为，恪守并延续王氏家风，着力"教养子孙以敦厚退让"之礼，对王氏后人影响深远。按《梁书·王筠传》记载，南朝史学家沈约曾对琅琊王氏称赞道：“自开辟以来，未有爵位蝉联，文才相继，如王氏之盛者。”琅琊王氏对传统社会的朝代政局产生了深远影响，特别是在东晋时期，几乎垄断了朝中高位；琅琊王氏的家风、家训和文化成就，对社会风气的形成与变迁也产生了重要作用。由此可见，作为家族杰出代表的“一人”“数人”，作为社会名门望族的“一家”“数家”，对于各自家族乃至整个国家都有深远影响。

时至今日，家庭结构和生活方式都发生了变化，但无论如何，家庭作为生活依托以及其所承担的社会功能都不可替代。中华民族传统家风文化重德义、尚孝慈、倡仁忠，我们应吸收融合传统家风教化的思想精华、有益元素，结合现代社会发展特点，对其内涵进行新的阐释和表达，推动其在新时代条件下创造性转化、创新性发展，以充分发挥其涵育道德、厚植文化、润泽心灵的教化功能。

拓展阅读

王羲之《与谢万书》中说：“虽植德无殊邈，犹欲教养子孙以敦厚退让。”后来，《晋书·王羲之传》中亦载此语。“教养子孙以敦厚退让”，正是王羲之教养子孙的重要内容。他晚年会种些蔬菜瓜果，然后带着孩子在果园里转转，看到好吃的，就摘下来，分给孩子们吃。王羲之认为，虽然瓜果种得一般，自己也不是完美的人，但希望通过言传身教，让子孙成为敦厚温柔的人，懂得谦让，享受恬淡生活。

人莫[1]知其子之恶，莫知其苗之硕[2]。

出处

《大学》

注释

❶ 莫：不，没有。

❷ 硕：大，肥壮。

译文

人们往往无法看到自己孩子的缺点和错误，总觉得自己的庄稼不如别人家的长势好。

解读

《大学》中说："故好而知其恶，恶而知其美者，天下鲜矣。故谚有之曰：'人莫知其子之恶，莫知其苗之硕。'此谓身不修不可以齐其家。"人们在对待亲近的人时容易产生偏爱，以致忽视其缺点；在对待厌恶的人时也容易产生偏见，以致忽视其优点。这里，揭示了人性中的偏见与自私，强调了修身的重要性，只有通过修养自身，克服心理上的偏私，才能做到"齐其家"，形成优秀的家教、家风。

《韩非子·说难》记载：宋国有一个富人，因为一日天降大雨，冲坏了墙壁，墙体坍塌下来，他的孩子看见后便说："不筑，必将有盗。"邻居家的老人也是同样说法。到了晚上，这家果然丢失大量财物，其结果是"其家甚智其子，而疑邻人之父"。也就是说，这家人都赞赏自己的儿子聪明，却怀疑偷盗的事是邻居家的老人干的。自己的儿子和邻居家的老人面对"天雨墙坏"的事实，表达了完全相同的看法，而这家人仅以亲疏关系和个人感情为判断标准，得出错误的结论，这正是主观偏见所导致的。我们试想，在这样的家庭教育下，这个儿子长大之后也可能会成为和他父亲一样的人，作为个人而言，自私自利，损人利己；如有为政机会，无法公正严明，甚至任人唯亲；而在维系家庭关系上，无法公平对待子女，引起子女的不满甚至怨恨，致使家庭不和。

实际上，自古而今，偏私、偏见是常见的，尤其

是父母面对他所亲近喜爱的孩子时，这种情况更为普遍。若不秉持正确的判断，及时加以引导，那么在这种环境中成长的孩子，也很容易变得自私、任性，甚至养成骄傲自大的性格，在日常学习和生活中也会缺乏谦逊公正的态度，难以承受挫折和失败。所以，在家庭教育和家风传承中，要积极营造公平公正、崇德向善、互敬互爱的家庭环境，这样，才能远离偏私，培养出优秀子弟。

拓展阅读

《吕氏春秋》中有《去尤》《去囿》两篇，皆是探讨人因囿于个人爱憎会导致思想认识上的局限的事。如《去尤》：有一个人丢了斧子，猜疑是邻居的儿子偷的。看他走路的样子，像偷斧子的；看他的脸色，像偷斧子的；听他说话，像偷斧子的；看他的举止形态，没有一样不像偷斧子的。丢斧子的人挖坑的时候，找到了自己的斧子。过了几天，又看见邻居家的儿子，举止神态就不像偷斧子的了。实际上，邻居的儿子没有改变，他自己却改变了，其改变的原因当然是自己的偏见。所以，《去囿》中总结了偏见的坏处："夫人有所宥者，固以昼为昏，以白为黑，以尧为桀。宥之为败亦大矣。"因此，必须去除偏见，个人才能心安理得，家庭才能邻里和睦，社会才能正义公平。

天下之本❶在国，国之本在家。

出处

《孟子·离娄上》

注释

❶ 本：基础，根本。

译文

天下的基础是国，国的基础是家。

解读

《孟子·离娄上》中说："孟子曰：人有恒言，皆曰'天下国家'。天下之本在国，国之本在家，家之本在身。""恒言"即常言之意，就是说人们有句老话，都说"天下国家"。天下、国、家存在着内在逻辑，天下的根本在国，国的根本在于每一个家庭，而每一个家庭的根本在于每个人自身。孟子认为，修身是齐家、治国、平天下的起点和本根，只有通过个人的道德修养，才能逐步实现家庭和睦、定国安邦、天下太平。这也是中华优秀传统文化中"家国一体"理念的极简化表达，正如《大学》中所言"身修而后家齐，家齐而后国治，国治而后天下平"，其中，修身是根本，修身的第一目标就是家齐。实际上，个人首先是家庭教育的结果，个人修养首先是家风、家教的外在体现，修身、齐家有机统一于家庭教育。

梁启超，是公认的清末优秀学者，政治家、思想家、史学家、教育家、文学家诸名加之于身，是一位百科全书式的人物，其尤以史学研究成绩最著，被誉为"中国知识分子第一人"。同时，他也是一名非常成功的家长。梁启超在生活上始终坚持勤俭，并以"寒士家风"教育子女，不要追求、看重物质生活，要克勤克俭、吃苦耐劳。梁启超一生给子女写下四百余封家书，多与子女讨论国家大事、人生哲学等。同时，梁启超还非常重视理论与实践相结合，认为无论教师还是家长都要"务实"，不应该拘泥于培养多少徒有虚名的博士，而应该把精力放在培养其实际能力上。梁启超一生养育九个孩子，受其影响，子女各有所成，塑造了“一门三院士，九子皆才俊”的家族传奇。

家风，是一个民族的脊梁。无论社会如何变迁，家庭在国家和社会建设中的基础性地位并没有改变，我们必须始终重视家庭教育以及家风建设。良好的家风培育美好的种子，这粒种子经过生长，又将美好的德行传递得更为久远，从而营造出一个更和谐、更美好的社会风气。

拓展阅读

家庭是社会的细胞，家庭的前途命运同国家和民族的前途命运紧密相关。2018 年 2 月 14 日，习近平总书记在 2018 年春节团拜会上的讲话中引用了“天下之本在国，国之本在家”这句典故，强调了家庭和睦则社会和谐，家庭美满则社会安宁，家庭文明则社会有序的基本经验，凸显了他对家庭建设的重视。他还指出：“国家富强，民族复兴，最终要体现在千千万万个家庭都幸福美满上，体现在亿万人民生活不断改善上。千家万户都好，国家才能好，民族才能好。”因此，我们要重视家风、家教建设，以家庭和谐为国家富强、民族进步、社会稳定提供保障。

积善之家必有余庆①，积不善之家必有余殃②。

出处

《易传·文言》

注释

① 余庆：留给子孙后辈的德泽。

② 殃：灾难，祸害。

译文

行善积德的人家，必然会给子孙后代留下福荫；无恶不作的人家，必定会遗留许多祸端。

解读

《易传·文言》中说："积善之家必有余庆，积不善之家必有余殃。臣弑其君，子弑其父，非一朝一夕之故，其所由来者渐矣。"这里，阐明的是事物会逐步积累、循序渐进地发展，终会引发质变的道理。从字面上来看，"积善"指的是长期积累善行，如仁慈、宽容、助人为乐等行为；"积不善"则是指长期积累恶行，如贪婪、欺诈、暴力等恶习。通过"余庆"和"余殃"结果的对比，强调了善恶行为的累积效应及其对家庭和后代的深远影响。

范仲淹，北宋时期杰出的政治家、文学家，世称"范文正公"。他早年家贫，历尽坎坷，少年发奋读书，立志报国济民。进入仕途后，以卓越的才能治理地方，造福百姓。做宰相后，他拿出每月的俸禄救济学子，施粥赈灾；将自己的良田改为义田，广修福田。在范仲淹言传身教的影响及严格管教下，范氏家族始终保持着崇德俭朴的门风。范仲淹还经常劝谕子侄及后辈们勤奋学习，并创办了义学，元代牟巘（yǎn）所作《义学记》记载："暨公登第立朝，为守为帅，以至大用，名位日盛，禄赐日厚，遂成义庄、义学，为其宗族宅于斯，学于斯。"在这种氛围下，短短四十余年内，范氏家族就先后有范琪、范师道、范纯仁、范世京、范世亮等五位族人进士及第，可谓范门一时之盛事。与范仲淹形成鲜明对比的是宋初武将曹翰，他在五代后周时期假传圣旨杀害降卒，纵兵屠城，肆意烧杀，掳掠财物，良民被杀者不计其数。尽管他立下赫赫战功，但其横征暴敛和阴险狡诈引人生厌、生恨。司马光在《涑水记闻》中写道，曹翰的子孙在他去世不到三十年时间里，已经沦落到乞讨的地步。

“积善之家必有余庆，积不善之家必有余殃”启示我们：在日常的生活和学习中，面对复杂的社会关系和各种诱惑，我们应该坚守道德底线，积极行善，不仅为了自身的福祉，更是为了给子孙后代树立一个良好的榜样。这不仅是一句古老的箴言，更是指导我们如何生活、如何处世的智慧之光。

拓展阅读

《周易》简称《易》，主要包括“经”和“传”两部分。“经”，传为伏羲氏和周文王所作，有六十四卦的卦象、卦辞和爻辞；“传”，是为“经”作的注释，称“十翼”，传为孔子及其后学在长期的传承中逐渐形成的成果。“积善之家必有余庆，积不善之家必有余殃”是《易传·文言》中的内容，用以诠释坤卦初六爻辞“履霜，坚冰至”。“履霜坚冰”也逐渐发展为一个成语，意思是脚踩着霜就想到结冰的日子要到来，比喻看到事物发展的苗头，就对其发展有所警戒。

父母之爱子，则为❶之计❷深远。

出处

《战国策·赵策四》

注释

❶为：替。

❷计：打算，考虑。

译文

做父母的疼爱孩子，就要为他们做长远打算。

解读

这句格言出自《战国策·赵策四》。为说服赵太后将爱子长安君送到齐国为质以换取援兵，触龙劝说赵太后说：“父母之爱子，则为之计深远。”他继续说，燕后远嫁，太后也曾为她“泣”“哀”“思”，可每到祭祀却祝“必勿使反”，而今形势危急，若只顾保护爱子眼前安逸，拒不为质，日后恐会祸及其身。父母为子女的成长付出了无数的心血和精力，但这种爱护应当是理智的、深思远虑的，不能只顾眼前利益而忽视他们未来的发展。

窦禹钧，唐末五代人，自幼丧父，由其母抚养长大。他非常孝顺，对于母亲的教诲，从不违逆。长大后，他热衷于教育，兴办学校，建立了“窦氏书院”，请来大儒教育远近的学生，且免费为家中贫寒的学生提供食宿。这样，他的儿子们既有了名师大儒指教，又有了优秀的同学切磋，可以说，窦禹钧兴办义学之举恰为其儿子们营造了极佳的学习氛围。而且，他的家教非常严格。因此，在自己的身体力行和悉心教育下，五个儿子——窦仪、窦俨、窦侃、窦偁（chēng）、窦僖，在科举考试中相继及第，时人称之为“五子登科”。窦禹钧重视孩子的教育问题，正是“父母之爱子，则为之计深远”的典型表现，当然，也取得了很好的结果。《宋史·窦仪传》记载：“冯道与禹钧有旧，尝赠诗，有‘灵椿一株老，丹桂五枝芳’之句，缙绅多讽诵之，当时号为窦氏五龙。”

冯道是用“椿”喻指窦禹钧，用“桂”喻指他的五个儿子。

“父母之爱子，则为之计深远”启示我们：父母对子女的未来应该有长远的规划，爱护子女不仅体现在日常的呵护和照顾以及满足子女的物质需求上，更体现在为子女的前程做长远考虑。不要只关注孩子当前的需求，而是要在教育过程中培养孩子的责任与担当，培养孩子的独立性和自主性，培养孩子的德智体美劳等多方面素质。要教会他们如何面对困难和挑战，如何在复杂多变的社会环境中保持坚韧不拔的精神和积极向上的态度，使他们具备在未来社会中立足和发展的能力。

拓展阅读

五子登科，原指宋代窦禹钧的五个儿子仪、俨、侃、偁、僖相继及第，现多用为结婚的祝福词。这不仅歌颂了窦禹钧的育儿成就，也寄托了人们对子孙后代都能获取功名、拥有锦绣前程的理想。南宋王应麟将这个故事编入《三字经》：“窦燕山，有义方，教五子，名俱扬。”

传家两字曰[1]读与耕；兴家两字曰俭与勤。

出处

唐末五代·章仔钧《太傅仔钧公家训》

注释

[1] 曰：叫作。

译文

传家重在“读”“耕”二字，兴家重在“俭”“勤”二字。

解读 《太傅仔钧公家训》中说："传家两字曰读与耕，兴家两字曰俭与勤，安家两字曰让与忍，防家两字曰盗与奸，败家两字曰嫖与赌，亡家两字曰暴与凶。"这是《太傅仔钧公家训》的开篇句，也是全文的核心句，从"传家""兴家""安家""防家""败家""亡家"六个方面阐明了古代中国对家风传承和家庭治理的深刻智慧。"传家两字曰读与耕，兴家两字曰俭与勤"一句，强调了耕和读是传家之宝，俭和勤是发家之道，既肯定了劳动与知识的双重价值，又突出了节俭与勤奋的兴家作用。两者相辅相成，共同揭示了传统社会家庭治理的基本原则。

"传家两字曰读与耕"，其中，"读"为升迁之道，"耕"是持家之本。事实上，耕读文化源远流长。战国时期，许行提倡耕读并举，主张"贤者与民并耕而食"；晋代葛洪在《抱朴子·守堉》中提到"造远者莫能兼通于歧路，有为者莫能并举于耕学"，强调了耕读并重的重要性；东晋陶渊明在《读山海经》(其一）中写道"既耕亦已种，时还读我书"，描述了耕种与读书相结合的生活方式。及至宋代，"耕读"二字作为专词应运而生。之后，晚清名臣左宗棠也曾写下"要大门闾，积德累善；是好子弟，耕田读书"的楹联，教育后辈要在耕作和勤学上下功夫。这些典故不仅展示了古人对耕读生活的推崇，也体现了耕读并重在历史上的重要地位。

“兴家两字曰俭与勤”，其中，“勤”是强调勤奋劳动、奋发图强以获取财富；“俭”是侧重自我约束、节约用度以积蓄财富。勤俭，不仅有助于家庭经济的稳定，更是一种培养个人美德和精神境界的重要方式。传统社会历来崇尚勤俭，如司马光《训俭示康》中说“众人皆以奢靡为荣，吾心独以俭素为美”；陆游《放翁家训》中说“天下之事，常成于困约，而败于奢靡”；朱用纯《朱子家训》中说“一粥一饭，当思来处不易；半丝半缕，恒念物力维艰”。

“传家两字曰读与耕；兴家两字曰俭与勤”启示我们：耕读结合，既强调了物质生活的保障，也关注了精神世界的丰富；勤俭一体，是保持家庭稳定与进步的基石。“勤”强调无论是读书学习还是工作劳动，都需要付出辛勤的汗水才能取得成功，而我们在获得成功后，也不能奢侈浪费，而是要时刻注重“俭”，以俭养德。

拓展阅读

《太傅仔钧公家训》，唐末五代章仔钧作，主要内容为耕读传家、勤俭持家、忍让安家、嫖赌败家、凶暴亡家、不存猜忌、不听离间、不生愤事、不专公利。核心内容是耕读和勤俭，其核心思想是教育子孙后代知书达礼，修身立命，遵守规矩，为家族争光。《太傅仔钧公家训》语言浅显直白而字字珠玑，教化具体可行而掷地有声，是传统家训的杰出代表之一。

忠厚❶传家，乃能长久。

出处

《钱氏家训·家庭篇》

注释

❶ 忠厚：忠实，厚道。

译文

用忠实厚道传承家业，那这样的家庭就能够繁荣兴旺，长久不衰。

解读

《钱氏家训·家庭篇》中说："勤俭为本，自必丰亨；忠厚传家，乃能长久。"这里，强调了如若能以勤俭、忠厚持家，就能家道兴旺、衣食富足的道理。忠厚，顾名思义就是忠实厚道之意，简言之，就是待人要有忠诚、敦厚、宽容之心。一旦忠厚做人的品德成为家族文化代代相传，就会对这个家族的长远发展产生深远影响。

《孟子·离娄下》有云"君子之泽五世而斩"，即认为君子的影响五世之后而绝，但钱氏家族却久盛不衰、绵延千年。吴越钱氏家族，以五代时吴越国的开创者钱镠发端奠基，开枝散叶，自此，人才辈出，载入史册的名家众多，如宋末元初画家钱选、明代学者钱德洪、清朝名儒钱陈群、新文化运动先驱钱玄同、近代"中国航天之父"钱学森、"中国原子弹之父"钱三强、"中国力学之父"钱伟长等，被誉为"千年名门望族，两浙第一世家"。事实上，钱氏之所以能够成为名门望族，人才济济，与家族优良的家风、家教不无关系。《钱氏家训》作为钱镠留给子孙的精神遗产，正是优良家风、家教的文字载体。《钱氏家训》分为个人、家庭、社会、国家四个篇章，全书短短六百多字，从修身持家到为人处世，凸显了崇德修身、崇文尚学、孝悌睦家、家国情怀等核心价值理念，其中，"忠厚传家"作为《家庭篇》的最后一条，具有压轴和总结的作用。

良好的家风是一代一代传承下来的，春风化雨，润物无声，影响着子孙后代。有什么样的家庭教育就会成就什么样的子女，所以家庭教育至关重要。要把好的品德、习惯传递给孩子，给孩子以正确的引导。一个家族只有拥有了良好的家风与弘扬家风的良好氛围，才能培养出品德高尚、乐学卓越的子孙后代。

拓展阅读

《孟子·离娄下》中说："孟子曰：'君子之泽五世而斩，小人之泽五世而斩。予未得为孔子徒也，予私淑诸人也。'"这句话的意思是：君子的遗风，影响五代以后而断绝；小人的影响，也是五代之后断绝。我没有能够成为孔子的门徒，我是私下得之于他的弟子。除"君子之泽五世而斩"外，还有"君子之泽三世而斩"的说法，《战国策·赵策四》中就说："今三世以前，至于赵之为赵，赵主之子孙侯者，其继有在者乎？"

藏书万卷可教子，遗金满籯❶常作❷灾。

出处

北宋·黄庭坚《题胡逸老致虚庵》

注释

❶ 籯（yíng）：竹箱。

❷ 作：兴起，成为。

译文

诗书传家能使后代成才，遗留下金钱往往会给子孙招来灾祸。

解读 这句格言出自黄庭坚的《题胡逸老致虚庵》:“藏书万卷可教子，遗金满籝常作灾。能与贫人共年谷，必有明月生蚌胎。山随宴坐图画出，水作夜窗风雨来。观水观山皆得妙，更将何物污灵台。”这里，黄庭坚借对胡逸老不贪慕荣华富贵而向往山水之间的高雅德行的敬慕之情，表达了自己素雅澄明的情怀。“藏书万卷可教子，遗金满籝常作灾”为诗作首联，借用《汉书·韦贤传》“遗子黄金满籝，不如一经”的典故，强调了知识传承与道德教育的重要性，以及对物质财富与精神财富价值的深刻反思。

韦贤，鲁国邹（今山东邹城）人，出身于书香门第，后官拜丞相，以其严谨的家风和重视教育的态度而被后人熟知。韦贤非常重视对子女的教育，他认为，只有通过学习，才能成长成才。在他的影响下，韦家形成了浓厚的学术氛围，他的子孙皆以勤学为荣。韦贤还要求子女不仅要学习知识，更要注重品德修养，他教导子女要诚实守信、尊老爱幼等，这些品质后来都成为韦家世代相传的家风。韦贤十分注重言传身教，他不仅在口头上教导子女，更是通过自己的行动来示范。他一生勤勉好学，《汉书·韦贤传》中说他“为人质朴少欲，笃志于学”。告老还乡时，皇帝赐予他黄金百斤，韦贤深知金银财宝终有耗尽之日，而知识和学问才是永恒的财富，于是他将黄金散尽，留给子孙的只有经书。在他的教育下，

韦贤的四个儿子韦方山、韦弘、韦舜、韦玄成都取得了一定的成就，少子韦玄成更是以才学超群受到皇帝重用，官至丞相，与韦贤合称为“父子丞相”。

“藏书万卷可教子，遗金满籝常作灾”启示我们：知识和德行才是真正的财富，与其留给子孙大量财富，不如传授给他们知识和智慧。书籍不仅是知识的载体，更是文化传承的工具。通过读书，子孙可以习得知识和人生哲理，从而成就大器。这种以诗书传家的方式，能够培养出有学识、有品德的后代，使家族得以长久繁荣。

拓展阅读

黄庭坚，北宋书法家、诗人、文学家。早年与张耒、晁补之、秦观游学于苏轼门下，合称“苏门四学士”。其曾祖父黄中理曾主持制订了二十条《黄氏家规》，对行孝、为友、从业、求学等方面做了详细规定，被誉为“黄金家规”。黄庭坚也曾写下《家诫》一文，开篇便讲一些名门大族兴衰存亡之事，充分说明了贫富无定势、世事多变迁的道理：“某自丱（guàn）角读书及有知识，迄今四十年，时态历观谛见。润屋封君，巨姓豪右，衣冠世族，金珠满堂，不数年间复过之，特见废田不耕，空囷（qūn）不给。又数年复见之，有缧绁（léi xiè）于公庭者，有荷担而倦于行路者。”以此告诫子孙要传承优良家风，互相谦让，和睦相处，齐心协力维护好家族的传承发展。

以德遗[1]后者昌，以祸遗后者亡。

出处

北宋·李邦献《省心杂言》

注释

❶ 遗：遗留，留下。

译文

将良好的品德留给后人，家族就会昌盛；将祸患留给后人，家族就会衰亡。

解读 《省心杂言》是李邦献平日修身处世的心得，其中多有对子孙后世的箴规训诫之言。在如何为子女谋长远的问题上，《省心杂言》中说：“以德遗后者昌；以祸遗后者亡。谦柔卑退者，德之余；强忍奸诈者，祸之始。”这里，揭示了道德与祸福之间的关系，即只有在家庭教育中注重道德的培养，才能对个人、家族乃至民族国家的命运产生积极影响。在道德教育中，更要着重培养子女谦逊、柔和、退让等美德。他所说的“以祸遗后者亡”之“祸”，应主要指聚敛财富，也就是说，为子孙后代长远计，与其广聚金银财富，不如以身作则，传承崇德向善的家教、家风。

陈郡谢氏，东晋至南朝时期著名门阀士族，起家于魏晋时期。在淝水之战中，陈郡谢氏居功至伟，史册流芳。谢氏家族重视家庭教育，围绕以孝传家，形成了特色鲜明的宗族文化。东晋著名政治家谢安即是家族中杰出代表。他在隐居于会稽东山时担负着教导谢家后辈的重任，倾注了大量心血精力。他着重培养子弟的责任意识与端正德行，他的教育方法也不是照本宣科地灌输圣贤学说，而是以身作则，潜移默化。《世说新语·德行》中记载：“谢公夫人教儿，问太傅：‘那得初不见君教儿？’答曰：‘我常自教儿。’”其中，“太傅”即谢安，“常自教儿”即指常常以身教儿，即所谓“言传身教”。在谢安的精心教育下，其子侄一辈人才辈出，包括长子谢瑶、次子谢琰，长兄谢奕之女谢道韫、子谢玄，次兄谢据之子谢朗等，后世常用“谢庭兰玉”一词赞美之。这正是“以德遗后者昌”的生动表现。

家族的兴衰不仅取决于物质财富的多少，更在于后人所继承的品德与智慧。正如国学大师钱穆在《国史大纲》中指出的，许多门第之家绵延百世，背后支撑的不是权财，而是文化积淀：“一个大门第，决非全赖于外在之权势与财力，而能保泰持盈达于数百年之久；更非清虚与奢汰，所能使闺门雍睦，子弟循谨，维持此门户于不衰。”道德是维系人际关系、促进社会和谐的重要力量，也是一个家族绵延不绝的重要支撑。通过传承美德，能够为家族带来长久的繁荣与昌盛，让家族的血脉得以延续，代代相传。

拓展阅读

“谢庭兰玉”，指能继承先辈遗风、光耀门楣的优秀子弟。其中，“谢庭”指东晋时期谢安的家庭，“兰玉”是对优秀子弟的美称，喻指他们如同兰花和玉石般高雅、珍贵。东晋裴启《语林》中有“譬如芝兰玉树，欲使其生于庭阶耳”一语。这不仅是对家族中优秀子弟个人才华的赞誉，更是对家教传承和家风熏陶的肯定。它象征着一种家族文化的延续，以及后代对先辈精神的弘扬。

清白家风不染尘，冰霜[1]气骨玉精神。

出处

南宋·张道洽《梅花七律》

注释

❶ 冰霜：比喻高洁。

译文

清白的家风不会被尘埃污染，冰霜只会锤炼更加刚硬的精神。

解读

这句格言出自南宋诗人张道洽的《梅花七律》，全诗为："清白家风不染尘，冰霜气骨玉精神。腊前恰见无多蕊，天上还他第一春。香在雪天孤有韵，影于月地四无邻。逃禅未到天然处，笔底如何写得真。"张道洽酷爱梅花，生平作咏梅诗三百余首，这首是其中佼佼者。诗文以梅花为象征，描绘了一种超凡脱俗的高洁之美，表达了自己对清白、高雅生活态度的赞扬和追求。"清白家风不染尘，冰霜气骨玉精神"写在诗文开篇，借梅花传达了清白正直、不被世俗诱惑的家庭风气，赞颂了清白正直的家风和坚强不屈的精神，以及在逆境中依然保持坚韧不拔、高洁品质的精神状态。

杨震，号"关西孔子""四知先生"等，东汉时期名臣。自幼勤奋好学，博览群书，是名震一时的大才子。杨震在做官期间，他始终以"清白吏"为座右铭，严格要求自己，不利用职务之便为自己谋取私利。此外，他还敢于挺身而出批判官场恶习。对于皇亲贵戚，他也敢于直言不讳。汉安帝的舅父耿宝、皇后的哥哥阎显等，向杨震推荐自己的亲友入朝做官，杨震知道这些人无才无德，都断然拒绝。这样的人品、家风，成为对儿孙最好的馈赠。《后汉书·杨震传》记载："性公廉，不受私谒。子孙常蔬食步行，故旧长者或欲令为开产业，震不肯，曰：'使后世称为清白吏子孙，以此遗之，不亦厚乎！'"在杨震的影响下，其子杨秉最初隐居乡里教书，四十余岁才出来做官，颇有其父之风。曾有故旧部下以百万钱相送，他“闭门不受，以廉洁称”。之后，杨震之孙杨赐，曾孙杨奇、杨彪，皆有祖上清廉之风。这种家风不仅在杨震家族中延续，还对当时的社会风气产生了积极影响，为后世树立了廉洁奉公的榜样。

“清白家风不染尘，冰霜气骨玉精神”，不仅是对个人品德的赞美，也是对家族和社会风气的展望。我们要培育和传承这种清白家风，坚守个人道德底线，弘扬诚信、正直、廉洁等道德品质，保持清白家风，形成高尚的道德情操。同时，坚韧不拔的意志和高洁脱俗的品格也是我们在生活中不可缺少的品质，我们要以“冰霜气骨”般的意志在人生道路上披荆斩棘，以积极的心态面对生活中的挑战和困难。

拓展阅读

《后汉书·杨震传》中记载，杨震在调任东莱太守途中，途经昌邑。昌邑县令王密原是杨震的门生，经他举荐步入仕途。王密为了报答杨震的知遇之恩，在夜深之时送来黄金十斤，以感谢杨震的恩情。杨震拒不接受，说：“故人知君，君不知故人，何也？”王密回答说：“暮夜无知者。”杨震听后，义正词严地驳斥道：“天知，神知，我知，子知。何谓无知！”王密“愧而出”。后人因此称杨震为“四知先生”。

一家之计[1]在于和[2]，一生之计在于勤。

出处

《增广贤文》

注释

1 计：关键，根本。

2 和：融洽，谐调。

译文

一个家庭的关键在于和睦，人的一生的关键在于勤奋。

解读 《增广贤文》中说："一年之计在于春，一日之计在于寅。一家之计在于和，一生之计在于勤。"这里，是以春季和寅时在当年、当日的重要性，强调了家庭和睦、勤奋劳动的重要性。它不仅是对家庭和谐与个人奋斗的精炼概括，也是中华传统美德的重要体现。

"和"，历来是中华优秀传统文化的核心价值理念，体现在家庭关系中，便是和睦相处、和衷共济。《左传·僖公三十三年》记载：春秋时期的郤（xì）缺，其父郤芮效劳晋惠公，坚决反对晋文公回国当国君，后被晋文公杀掉。他因是罪臣之子，不得入仕，只好回到老家种地维持生计。不过，郤缺没有因为家庭遭遇到的巨大不幸而萎靡不振、怨天尤人，而是勤恳耕作、刻苦学习。大夫臼季即胥臣出使路经这里，恰巧看见郤缺在田里锄草、妻子将饭送到地头的一幕，他们夫妻相互尊重、同甘共苦、相敬如宾，胥臣不禁为之感动。胥臣回朝以后，就向晋文公举荐了郤缺为官，说："敬，德之聚也。能敬必有德，德以治民，君请用之。"于是，晋文公让郤缺担任了下军大夫，郤缺家庭和睦的事迹也传为佳话，成为后世效仿的典范。可见，家庭和睦是幸福生活的基石，即使家境贫寒，只要夫妻二人齐心协力，同舟共济，生活虽苦也会乐在其中。

"勤"，是个人成功与实现自我价值的不二法门。自古以来，无数仁人志士通过勤奋努力，改变了自己的命运，也激励了后人。按明代宋濂《送东阳马生序》所载，宋濂家境贫寒，买不起书，但他勤学好问、酷爱读书，于是便向别人借书，并承诺按时归还。很多时候条件艰苦，也坚持抄书且不敢逾约："天大寒，砚冰坚，手指不可屈伸，弗之怠。"正是这种勤奋好学的品质，使宋濂成为"明初诗文三大家"之一。可见，无论出身如何，只要勤奋好学，就能克服重重困难，实现自我价值。

"一家之计在于和，一生之计在于勤"启示我们：对于每个家庭来说，务要"和""勤"一体。一个和谐的家庭环境可以为个人勤奋提供坚实的保障；而个人的勤奋努力，又可以为家庭带来物质与精神上的满足。家庭成员之间不仅要保持良好的沟通，理解彼此的需求和感受，还要合理设定目标规划，坚持不懈提升自己的知识水平和竞争能力，共同推动家庭的繁荣发展。

拓展阅读

《送东阳马生序》是被明太祖朱元璋誉为"开国文臣之首"的文学家宋濂写给他的同乡晚生马君则的一篇赠序。在这篇赠序里，宋濂叙述了个人早年虚心求学和勤苦学习的经历，描述了自己借书求师之难、冻馁之患、奔走之劳，与太学生优越的条件加以对比，有力地说明学业能否有所成就，不在天资的高下和条件的优劣，而在于主观努力与否，以勉励青年人珍惜良好的读书环境，专心治学。

大家❶礼义教❷子弟，小家❸凶恶训❹儿郎。

出处

《增广贤文》

注释

❶ 大家：大户人家。
❷ 教：教导，教诲。
❸ 小家：小户人家。
❹ 训：训诫，训斥。

译文

大户人家用礼义教育子弟，小户人家粗暴地训斥孩子。

解读 这一格言出自《增广贤文》，反映了中国传统社会两种不同的家庭教育理念和方式。大户人家的孩子从小接受礼义教育，从而成长为有道德、有修养的人。相反，小户人家更注重实用性和生存技能的培养，因而会更多地采用严厉的手段，如打骂或用凶恶粗暴的言语教育孩子，这种方式虽然能够让孩子快速学会一些生存技能，但也容易使得孩子性格急躁、缺乏耐心，造成一定的心理创伤，形成不良的行为习惯。实际上，这句格言的核心在于不同教育方法的对比，强调真正的教育应是循循善诱、注重以礼义和道德为教育内容的教育方式。

按《宋史·欧阳修传》，欧阳修四岁丧父，由其母教养。由于家境贫寒，无法为欧阳修购买纸笔等文具练字学习，“至以荻画地学书”，即以芦荻作笔，在地上学习写字。在他的父亲死后六十年其所作的祭文《泷冈阡表》中讲到，他的母亲常常给欧阳修讲述其父亲生前的事迹，教导他学习父亲的道德品质，并说：“夫养不必丰，要于孝；利虽不得博于物，要其心之厚于仁。吾不能教汝，此汝父之志也。”也就是说，供养长辈不在于物质利益的丰厚和普及，而在于孝顺和心存仁义。欧阳修考中进士后，生活条件得到极大改善，母亲郑氏依旧坚持原来的习惯，省吃俭用。后来，欧阳修被贬夷陵，母亲郑氏随他一同前往，不以为苦，言笑自若：“汝家故贫贱也，吾处之有素矣。汝能安之，吾亦安矣。”在她的教诲下，欧阳修终成北宋名臣，这正是欧阳修的母亲以礼义教育欧阳修的结果。

“大家礼义教子弟，小家凶恶训儿郎”启示我们：在家庭教育中，家长应结合孩子的实际情况和社会需求，适当地融入传统美德和现代教育的元素。无论时代如何变迁，社会如何发展，家庭教育都要坚持以德为本、以礼为先的原则，以德服人、以礼育人，给予孩子充分的尊重与理解，让他们在爱中长大，成为既有知识又有教养的新时代公民。

拓展阅读

在欧阳修所作《泷冈阡表》中，母亲郑氏教导欧阳修时讲到“吾不能教汝，此汝父之志也”一语，意为“我不能教导你，这是你父亲的志向”，言外之意是告诫欧阳修，要继承父亲的遗志，继续前行。实际上，传统社会讲到“孝”时，既强调父母在世时子女要对父母恭顺，不让父母担心，又强调父母离世后不要因自己而让父母的名声受辱，要继承父母的遗志。如《论语·学而》中言：“父在，观其志；父没，观其行；三年无改于父之道，可谓孝矣。”

尚❶谦和❷，重廉耻，是好人家。

出处

清·张履祥《训子语》

注释

❶ 尚：尊崇，注重。
❷ 谦和：谦虚和蔼，易于接近。

译文

崇尚谦虚平和、注重廉洁并且知耻，就是有道德的好人家。

解读 张履祥《训子语》中说："人家不论贫富贵贱，只内外勤谨，守礼畏法，尚谦和，重廉耻，是好人家。"这里，强调了个人品德与家庭风气的重要性，蕴含着深厚的文化内涵与道德意蕴，家境贫富、地位高低并不重要，重要的是精神上的高尚与自律，只有内外兼修、言行一致的家庭，才能真正称得上是好的家庭。

"尚谦和"，是强调谦逊与和谐的重要性。据《梁书·王泰传》记载，王泰年幼时，他的祖母召集了诸孙侄，将枣子和栗子撒在床上，其他的孩子都争先恐后地去挑选，只有王泰平静地站在一旁，不去争抢。他的祖母感到非常诧异，问他缘由，王泰答道："不取，自当得赐。"王泰认为，不是要去争抢，而是应该等待祖母赐予。后世据此典故，融合"孔融让梨"引申出成语"让枣推梨"，指小孩子礼让食物，用以比喻兄弟友爱谦让。

"重廉耻"，则强调了廉洁与知耻的重要性。于谦是明朝著名的政治家、军事家，他自小就有远大的志向，为官期间，公正廉洁。明朝正统年间，当时宦官王振专权，百官为了讨好王振，每次进京都献纳银两。而于谦每次进京奏事，从不带任何礼品。有人劝他带一些土特产，于谦甩了甩他的两只袖子，说"只有清风"，并写下了著名的《入京》诗："绢帕蘑菇与线香，本资民用反为殃。清风两袖朝天去，

免得闾阎话短长。”这首诗既讽刺了当时的贿赂成风，更表明了于谦的清廉高洁。

实际上，谦逊和气并不意味着卑躬屈膝，而是指待人接物时要不骄不躁，尊重他人；重视廉耻则是指为人要有廉洁、羞耻之心，不做违背道德和良心的事情。一个谦逊和气、重视廉耻的家庭能够培养孩子良好的品德和行为习惯，帮助他们树立正确的价值观和人生观，同时又能够促进家庭成员之间的宽容与和睦。

拓展阅读

“尚谦和”是中华优秀传统文化的核心价值理念之一。《论语·子路》中强调“君子泰而不骄，小人骄而不泰”，认为君子应当时刻保持谦逊的态度，教导我们在人际交往中，要互相尊重，营造和谐的人际关系。“重廉耻”也是对个人品德的基本要求，《孟子·尽心上》中说“人不可以无耻，无耻之耻，无耻矣”，强调人应有羞恶之心，对错误的行为感到羞耻，这是坚守道德底线的基础。将“尚谦和”与“重廉耻”融为一体，是维护家庭和谐的重要方式，只有成员间相互尊重，以礼相待，才能减少争执与矛盾；家庭成员都能秉持廉洁自律，远离贪腐之事，家庭自然能够繁荣昌盛。

居家戒[1]争讼，讼则终[2]凶；处世戒多言，言多必失。

出处

清·朱用纯《朱子治家格言》

注释

1 戒：戒除。
2 终：终究，终归。

译文

居家过日子，禁止争斗诉讼，一旦争斗诉讼，无论胜败，结果都不吉祥。待人接物，话不能过多，话说多了，会有失分寸。

解读 这一格言出自朱用纯的《朱子治家格言》，反映了古人对和谐生活与谨言慎行的重视。一方面，家庭是情感的港湾，在家庭生活中要以和为贵，争执和诉讼不仅会消磨家庭成员之间的情感，还会带来不必要的经济损失和时间浪费。另一方面，言为心声，语为心境，言语是内心思想和情感的外在体现。古人常强调口德的重要性，孔门四科“德行、言语、政事、文学”，言语亦排第二位，因此，在社会交往中要三思而后言、三思而后行，言语过多容易招致误解、是非甚至灾祸。

杨修，便是一个因言多而招致祸端的典型例子。他聪明绝顶，是曹操手下的行军主簿。《三国演义》第七十二回中讲到，他“恃才放旷，数犯曹操之忌”。曹操在所造花园门上写了一个“活”字，暗示门太宽，众人均疑惑不解，杨修看后擅自命令将门修窄，曹操虽赞叹却“心甚忌之”；塞北进贡给曹操一盒酥，曹操在盒上写了“一合酥”三个字放在案头，杨修看后取勺与人分食，曹操问其原因，杨修回答说：“盒上明书‘一人一口酥’，岂敢违丞相之命乎？”曹操听后内心厌恶更甚……如此累积，最终触怒曹操，招致杀身之祸。可见，智慧和才华固然重要，但更重要的是懂得如何谨言慎行，避免给自己带来不必要的危险与祸端。

“居家戒争讼，讼则终凶；处世戒多言，言多必失”启示我们：在家庭生活中，我们要懂得以和为贵，通过沟通和交流化解矛盾，不要让小事发展到无法挽回的地步，最终导致家庭灾殃的发生；在为人处世上，也要注意慎言慎行，面对不同的人、在不同的场合，言辞要恰到好处，避免言多必失。一个人秉持这样的生活态度，不仅可与他人建立良好的关系，也能在复杂的人际关系中游刃有余，赢得更多的尊重与信任。

拓展阅读

《三国演义》第七十二回叙述了杨修的六次犯忌：除花园门之事和“一合酥”之事外，还有揭穿曹操梦中杀人非真之事，向曹操告发太子曹丕与朝歌长吴质秘密往来之事，教曹植立斩门吏之事，为曹植作“答教”十余条被告发之事。

后记

“中华传统美德格言集萃丛书”的编纂出版，得到了山东省委宣传部的大力支持。山东省委常委、宣传部部长白玉刚对本丛书高度重视，提出明确要求；省委宣传部副部长张同海统筹指导丛书编写工作，省委宣传部文化传承发展处进行具体指导并审改了书稿。

曲阜师范大学党委书记邢光，党委常委、副校长李兆祥，党委常委、纪委书记陈丙波进行了具体统筹协调，调配了马克思主义学院、历史文化学院、孔子文化研究院、美术与书法学院等校内各单位的力量，充实到写作团队中。孔子文化研究院王钧林教授和颜炳罡教授、历史文化学院姜开勇书记、马克思主义学院孙迪亮院长和陈庆国书记对丛书编写都给予了有力指导。

丛书编纂团队共八名成员，成积春教授、宋立林教授担任主审，任松峰编著《崇德之道》，王汉苗编著《做事之道》，王德成编著《做人之道》和《待人之道》，蒋开天编著《持家之道》，齐高龙、任松峰编著《爱国之道》，徐佰义编著《和合之道》。编写过程中，团队成员密切配合，通力协作，高质高效完成工作任务，本书得以顺利出版。同时，本书的编写出版还得到了济宁市委宣传部、济宁医学院、有关专家学者、山东文艺出版社董国艳编辑团队的鼎力支持，在此，一并表示感谢。

丛书参阅的中华典籍种类多、范围广，尽管做了充分收集与查阅，但鉴于编者学识能力所限，难免有不足或失当之处。加之中华传统美德博大精深、深邃厚重，编者辑选的格言仅仅是其中很小的一部分，是否精当也尚待检验。敬请批评指正。

编　者

2025 年 3 月